O DESAFIO DAS MICROFINANÇAS

COLEÇÃO ESTUDOS COPPEAD

O DESAFIO DAS MICROFINANÇAS

Angela da Rocha e Renato Cotta de Mello

Organizadores

MAUAD

Direitos desta edição reservados à
MAUAD Editora Ltda.
Av. Treze de Maio, 13, Grupo 507 a 509 — Centro
CEP: 20031-007 — Rio de Janeiro — RJ
Tel.: (21) 2533.7422 — Fax: (21) 2220.4451
www.mauad.com.br

Projeto Gráfico:
Núcleo de Arte/Mauad Editora

CIP-BRASIL. CATALOGAÇÃO-NA-FONTE
SINDICATO NACIONAL DOS EDITORES DE LIVROS, RJ.

D484

O desafio das microfinanças / Ângela da Rocha e Renato Cotta de Mello, orgs. - Rio de Janeiro : Mauad, 2004
(Estudos COPPEAD)

Inclui bibliografia
ISBN 85-7478-160-6

1. Empréstimos. 2. Empréstimos bancários. 3. Pequenas e médias empresas - Financiamento. 4. Crédito bancário. 5. Cooperativas de crédito. 6. Setor informal (Economia). I. Rocha, Ângela da. II. Mello, Renato Cotta de. III. Série.

CDD 332.7
CDU 336.77

ÍNDICE

APRESENTAÇÃO

O tema de que trata este livro tem sido pouco explorado pela literatura no Brasil, um país cujas características socioeconômicas indicam reunir condições favoráveis para que as atividades de microfinanças assumam um papel de destaque no sistema financeiro nacional e sirva, a exemplo de outros países, como instrumento relevante para a promoção do desenvolvimento social.

O propósito dos organizadores foi o de procurar preencher essa lacuna, reunindo, numa mesma obra, aspectos históricos que embasaram a configuração atual do setor em diversos países do mundo, aí incluído o Brasil. Além disso, *O Desafio das Microfinanças* apresenta ferramentas de gestão que permitem tanto aos estudiosos quanto aos *practitioners* aproximarem suas visões da realidade do mercado consumidor brasileiro de microcrédito.

Assim, a primeira parte do livro compreende sete capítulos que cobrem desde o surgimento e as práticas do mercado financeiro informal até reflexões sobre o papel das microfinanças neste milênio que ora se inicia.

Na segunda parte, os organizadores colecionam casos de empresas de microfinanças brasileiras, relacionando-os com conceitos de gestão empresarial, sempre destacando a importância de buscar entender o mercado que se pretende atingir, com o propósito de melhor servi-lo. Ao final, dá-se um exemplo de configuração de um plano de negócios para microfinanças.

PARTE I

ENTENDENDO A HISTÓRIA DAS MICROFINANÇAS

Anita Fiori

Lara Goldmark

Carlos Assumpção

Alexandre Darzé

Marco Aurélio Cardoso

INTRODUÇÃO À PARTE I

Dinheiro, diz o provérbio, faz dinheiro.
Quando se tem um pouco, é mais fácil obter-se mais.
A grande dificuldade é ter um pouco.

Adam Smith[1]

Os bancos não foram inventados para servir aos pobres. De fato, a literatura sobre a história dos bancos e do dinheiro nos mostra um sistema construído para proteger os ativos de grandes instituições e de indivíduos ricos[2]. Nessa história, os pobres desempenham papel secundário: algumas vezes, como quando da invenção das moedas

---

Os autores gostariam de agradecer às seguintes pessoas que compartilharam conosco seu conhecimento da história das microfinanças: Claudio Gonzalez-Vega, da *Ohio State University*, com quem surgiu a idéia de escrever este artigo; Maria Otero e Elisabeth Rhyne, da Accion; Marguerite Berger, Glenn Westley e Gloria Almeyda, do Banco Interamericano de Desenvolvimento; Jim Boomgard, John Magill e Robin Young, da DAI; Hank Jackelen, do PNUD; John Hatch, da FINCA; Sergio Prudencio, da Prodem; J.D. Von Pischke; Evanda Kwitko, da Criar Brasil, e muitos outros. As seguintes pessoas contribuíram com comentários importantes e ajudaram-nos ao longo do caminho: Antônio Barretto, do BNDES, Colleen Green e Nate Bourns, da DAI; Bonnie Brusky e Andrei Winograd, consultores independentes; Mariana McDowell, da DAI Brasil. Gostaríamos de agradecer a Riva Karen Heskiel, que fez a primeira tentativa de sistematizar a informação necessária para este trabalho.

[1] Adam Smith (1723-1790), *A Riqueza das Nações*; originalmente *The Wealth of Nations*, editado em 1776.

[2] O antropólogo e historiador Jack Weatherford ofereceu uma interessante análise sobre como o dinheiro e o sistema financeiro moldaram o nosso mundo. Ver Jack M. Weatherford, *A História do Dinheiro – Do Arenito ao Cyberspace*, São Paulo, Negócio Editora Ltda, 2000. Título original, *The History of Money – From Sandstone to Cyberspace*, Three Rivers Press, 1997. Como referência, ver fatos históricos recentes em alguns países da Europa Oriental.

em 600 anos antes de Cristo e quando do surgimento dos bancos italianos na Renascença, os pobres foram gradualmente inseridos. Em outros casos, inovações na indústria financeira serviram para ampliar a marginalidade em relação aos pobres, como a adoção dos cartões de crédito ao final do século XX (ver *Um passo à frente, dois passos para trás – dinheiro, bancos e os pobres*, a seguir). Esta parte conta a história das microfinanças: instituições e produtos desenvolvidos para atender às necessidades financeiras de clientes de baixa renda, especialmente aqueles que operam no mercado informal.

Atualmente as microfinanças inquestionavelmente fazem parte do cenário dos serviços financeiros. De que forma se chegou a essa fase é uma história ainda não contada na sua totalidade, nem este artigo se propõe a fazê-lo. Neste trabalho, são destacados três principais temas: primeiro, o caminho percorrido pelas instituições financeiras – formais e informais – que vieram a oferecer os serviços à população pobre. Segundo, a evolução do pensamento direcionado na busca da melhor forma de prover acesso dos pobres aos serviços financeiros. Terceiro, na medida do possível, a relação que a população pobre tem com os serviços financeiros. Em cada capítulo desta parte e, sobretudo na conclusão, são apresentados exemplos do Brasil. O objetivo é oferecer à audiência brasileira a oportunidade de revisar os fatos relevantes na sua ordem cronológica, de forma isenta, a fim de que seja desenvolvida a sua própria visão crítica a respeito do assunto, auxiliando-a a entender o cenário atual no Brasil. Há três principais desafios nesta pesquisa, que se mostram evidentes para o leitor cuidadoso:

- Mesmo existindo uma grande literatura em relação ao tema, a maior parte tem por foco a explanação da abordagem mais adequada para promover as microfinanças. A maioria dos textos apresenta análises a partir de uma das duas visões sobre o tema: a "abordagem do desenvolvimento do sistema financeiro", mais recentemente cunhada de "comercialização" das microfinanças. Dessa forma, um grande número de monografias e livros provê extensa informação técnica, incluindo estudos de caso de programas bem-sucedidos. Ao escrever este artigo, os autores buscam se manter mais objetivos no que diz respeito à forma de promover as microfinanças, destacando as principais tendências do segmento. O desafio se constitui em separar a história do desenvolvimento das idéias acerca das microfinanças da evolução das microfinanças em si.

◆ Profissionais das microfinanças, quando questionados para definir o início deste segmento, geralmente se referem aos anos de 1970 e 1980, apontando para os resultados obtidos por uma série de projetos pioneiros que experimentaram formas inovadoras de prover serviços de crédito e poupança para empreendedores informais.[3] A premissa adotada pelos autores é de que a chamada revolução das microfinanças, iniciada na década de 1970, delimita historicamente o surgimento de instituições especializadas em microfinanças (IMFs). Essa revolução se caracteriza por uma série de descobrimentos técnicos e de práticas voltadas para o oferecimento de serviços financeiros especificamente para populações de baixa renda. Porém, defende-se neste estudo que a história das microfinanças não é apenas a das últimas três décadas, sendo tão antiga quanto o dinheiro e os bancos. De fato, sempre que existiram serviços financeiros para as classes abastecidas da sociedade, foram desenvolvidos mecanismos para atender às classes menos favorecidas. Dessa forma, uma série de temas é incluída neste trabalho como parte da dita "pré-história" das microfinanças: finanças informais; o movimento cooperativista; e os programas de crédito rural subsidiado.

◆ Projetos de microfinanças têm sido relativamente bem documentados, da mesma forma que os aspectos gerais do movimento cooperativista e dos programas de crédito rural subsidiados. Mesmo o setor de finanças informais tem sido estudado por economistas e antropólogos em certo grau de detalhe. Abordagens comerciais de prover serviços financeiros para pobres, no entanto, não têm sido documentadas – ao menos não até recentemente, quando algumas instituições comerciais passaram a se associar ao seg-

---

[3] Ver, por exemplo, Beth Rhyne, *Mainstreaming Microfinance: How Lending to the Poor Began, Grew and Came of Age in Bolivia.* 2001, Kumarian Press, Inc; Marguerite Robinson, *The Microfinance Revolution: Sustainable Finance for the Poor,* 2001, The World Bank.

mento microfinanceiro. Alguns exemplos relevantes do passado que são brevemente comentados na literatura incluem o *Provident Loan Society of New York*[4] (*pawn shop*, 1894-), *National City Bank of New York*[5] (crédito ao consumo, 1928-) e o desenvolvimento do segmento hipotecário nos Estados Unidos[6] (1970-). Esses exemplos oferecem lições sobre inovação no desenvolvimento de produtos e sobre o papel dos subsídios públicos, relevantes ao segmento de microfinanças.

Um passo à frente, dois passos para trás – dinheiro, bancos e os pobres

A invenção das moedas permitiu a participação dos menos afortunados nas trocas mercantis. A primeira cunhagem de moedas se deu entre 640 e 630 a.C., no reino de Lídia (um vizinho pouco conhecido da Grécia). A genialidade dos reis lídios pode ser vista no reconhecimento da necessidade de utilizar lingotes pequenos, facilmente tranportáveis e com valor próximo a poucos dias de trabalho ou a pequenas porções de colheitas. Anteriormente à introdução das moedas lídias, qualquer transação comercial envolvia a necessidade de avaliar o ouro e a sua pureza. A utilização de moedas preparadas em uma oficina real possibilitou ao comércio operar de forma mais rápida e honesta e permitiu a participação nas transações mesmo por aqueles que não possuíam balanças. Essa facilidade trouxe consigo o surgimento dos primeiros mercados ao ar livre: em vez de obrigar compradores potenciais a procurar nas suas casas pessoas que pudessem vender jóias ou azeite, os reis lídios desenvolveram um sistema pelo qual qualquer um podia vender seus produtos na praça central. Inúmeras pequenas lojas compunham o mercado, cada uma especializada em determinados produtos.

---

4 J.D. Von Pischke, *Finance at the Frontier*. 1991, The World Bank. P. 21-23.

5 Weatherford (1997), p.225.

6 Ibid, p.224; ver também Rhyne (2001), p. 5.

Os bancos foram inventados para os ricos. Fundada no início do século XII, a Ordem Militar dos Cavaleiros do Templo de Salomão – Templários – guardava em seus castelos depósitos em espécie e outros valores, administravam fundos de fontes religiosas para financiar as cruzadas, concediam empréstimos a reis e papas e transportavam numerário do Oriente Médio à Europa. No auge das suas operações, empregavam sete mil pessoas e possuíam 870 casas e castelos espalhados pela Europa e Mediterrâneo, da Inglaterra a Jerusalém. Podendo ser vista como precursora dos primeiros bancos do mundo, a instituição concentrava as suas operações junto aos governos e a poucos mutuários, conhecidos e possuidores de riquezas, não integrando classes sociais menos abastadas.

No entanto, os banqueiros italianos realizaram um movimento em direção à população. Em seguida à decadência dos Templários, as famílias de cidades-estados ao norte da Itália, como Pisa, Florença, Veneza, Verona e Gênova, passaram a oferecer os serviços antes praticados pelos Cavaleiros, ainda que em uma escala bem mais modesta a princípio. Esses novos banqueiros não operavam a partir de castelos fortificados nem viajavam em caravanas. Eles viviam e trabalhavam em mercados junto à população, atendendo as necessidades tanto de pequenos proprietários de terras e comerciantes quanto de aristocratas e altos funcionários da Igreja e do Estado. Enquanto os Templários serviram apenas à nobreza, os banqueiros italianos atendiam a um público mais amplo. De fato, a palavra *banco* nasceu da forma como estes agentes realizavam seus negócios – colocando uma bancada no mercado público.

Fonte: Adaptado de Weatherford (1997).

Esta parte do livro vem apresentar os principais mecanismos criados ao longo da história para prover serviços financeiros aos pobres – alguns dos quais ainda existentes nos tempos atuais – desde o mercado informal que sempre existiu e ainda hoje desempenha um papel principal na economia rural dos países em desenvolvimento, passando pelas cooperativas criadas no século XIX na Europa e pelos programas de crédito rural subsidiado característicos do período posterior à Segunda Guerra. O texto destaca o surgimento de uma série de projetos e instituições financeiras de desenvolvimento, chamadas de instituições de microfinanças (IMF), criadas ou reestruturadas com os objetivos específicos de prover serviços de crédito e de poupança para empreendimentos informais.

A Parte I deste livro está organizada da seguinte forma:

◆ No capítulo um, trata-se do mercado financeiro informal. Discute-se a variedade de mecanismos utilizados ao longo dos séculos por populações pobres que não tinham acesso a serviços financeiros formais.

◆ No capítulo dois, aborda-se principalmente o movimento cooperativista, incluindo a posterior expansão para as Américas, com foco nas cooperativas de crédito e poupança. O capítulo inicialmente descreve os *Irish Loan Funds*, considerados a mais antiga iniciativa institucionalizada no oferecimento de serviços financeiros à população de baixa renda.

◆ No terceiro capítulo, são apresentados os programas de crédito rural subsidiado para populações de baixa renda e a sua evolução, bem como os ideários que os embasavam.

◆ Nos três capítulos seguintes – quarto, quinto e sexto –, trazem-se os movimentos ocorridos no contexto da "revolução das microfinanças", iniciada nos anos 70 com o surgimento do *Grameen Bank* em Bangladesh, e continuada, até o final da década dos anos 90, à luz da evolução das instituições mais representativas. Foram escolhidas instituições que simbolizaram cada década – como o *Grameen Bank* – na década de 1970, com métodos inovadores para atender a população pobre; o BRI na Indonésia – na década de 1980 –, com iniciativas de prestação de serviços de forma sustentável e não-subsidiada; e o Banco Sol na Bolívia – na década de 1990, pioneiro entre as experiências de comercialização das microfinanças.

◆ Finalmente, no sétimo capítulo, conduz-se o leitor a algumas reflexões sobre os temas abordados, à luz de sua significância para o Brasil.

CAPÍTULO 1

MERCADO FINANCEIRO INFORMAL

Finanças geralmente parecem ser apenas números, mas são fundamentalmente sociais ao invés de matemáticas. Da mesma forma que a linguagem, finanças são um produto da sociedade.

J.D. Von Pischke[7]

Introdução

Este capítulo situa as finanças informais num contexto histórico, define seu conceito e descreve a variedade de mecanismos utilizados ao longo dos séculos por populações pobres que não tinham acesso a serviços financeiros formais. As finanças informais representam uma importante etapa da história das microfinanças. Seja propositadamente, seja por acidente, muitas das metodologias de crédito desenvolvidas nas décadas de 1970, 1980 e 1990 se baseiam nos princípios utilizados no universo das finanças informais: avaliação do caráter e conhecimento das comunidades locais como fatores decisórios no processo de concessão; uso de redes e grupos como substitutos às garantias; e emprestadores praticando taxas de juros que refletem a relação risco-retorno, geralmente reconhecendo que clientes de baixa renda e especialmente microempreendedores se preocupam com o custo de oportunidade tanto quanto com as taxas nominais.

---

[7] *Finance at the Frontier*, p.41.

Finanças informais existem inclusive em comunidades onde o dinheiro não é utilizado. Hans Dieter Seibel, observando populações da Libéria, em 1967, descobriu grupos em que cada indivíduo contribuía regularmente com montantes de algo de valor: trabalho; arroz ou outros itens.[8] No caso dos grupos organizados em torno do trabalho, por exemplo, todo o grupo poderia se juntar para derrubar árvores nas terras de outrem.

Contexto histórico

Até o fim da Idade Média, quando se constituíram as grandes potências financeiras européias, edificadas principalmente concedendo empréstimos aos principados e estados monárquicos[9], a fronteira entre os serviços financeiros formais e informais era tênue, visto que as operações dos então "banqueiros" se confundiam com as suas outras atividades, geralmente mercantis. Portanto, mesmo sendo secular, a concessão de créditos não constituía um segmento da economia especializado e formalmente constituído. O desenvolvimento do setor financeiro nos séculos seguintes e até a Revolução Industrial[10] pouco evoluiria, a não ser pelo volume de capitais movimentados. A atividade bancária consistia essencialmente na concessão de créditos[11], ainda predominantemente nos Governos, com capitais próprios ou lastreados integralmente em depósitos e, em alguns casos, como o do Banco da Inglaterra, fundado em 1694, na emissão de moeda fiduciária. Os bancos só vieram romper com a sua tradição medieval na primeira metade do século XIX, quando passaram a captar sistematicamente a poupança privada, para aplicá-la através de investimentos

---

[8] Seibel, 1999, p. 1.

[9] Na Itália, os florentinos e genoveses, entre outros, que expandiram as suas atividades na Inglaterra, Holanda e na França. Em Portugal, os *marranos* (designação injuriosa para judeus convertidos), que exerciam suas atividades em Antuérpia. Na Alemanha, famílias de Augsburgo e Nurembergue, que exerciam suas atividades em sua própria região e no exterior, notadamente na França (Henri Sée, *Les Origines du Capitalisme Moderne*, Paris, Armand Colin, 1940).

[10] Fim do século XVIII, início do século XIX.

[11] Os bancos não descontavam títulos de crédito.

ou concessão de créditos no desenvolvimento dos setores ferroviário, industrial e comercial. A taxa de bancarização da população foi se universalizando, e os serviços financeiros informais foram gradualmente perdendo a sua importância, tornando-se, atualmente, dificilmente identificáveis nas economias mais desenvolvidas.

Entretanto, nas economias em desenvolvimento, a prestação de serviços financeiros institucionalizados continua mantendo à margem do sistema inúmeras pessoas físicas e jurídicas que persistem utilizando serviços informais. A exclusão do sistema financeiro formal deriva notadamente da privação de cidadania[12], de condições financeiras para atender às exigências dos agentes financeiros formalmente constituídos (falta de renda comprovadamente estável, ou seja, um emprego ou empreendimento formal) e do interesse econômico das instituições (otimização da composição das carteiras comerciais). Deve-se considerar igualmente a presença de obstáculos de cunho psicossocial para que as pessoas de baixo nível de renda e informação se dirijam a agências bancárias e financeiras para depositar a sua poupança ou para solicitar créditos.

Definição dos *serviços financeiros informais*: *essa categoria incorpora uma variedade de mecanismos, tais como os empréstimos concedidos a pessoas físicas e jurídicas que atuam na economia formal e informal, por agentes financeiros não oficialmente habilitados, e a constituição de poupanças voluntárias por indivíduos ou grupos junto a agentes informais*[13]. Cabe ressaltar que, como regra geral, a penetração do sistema financeiro formal nos países em desenvolvimento é baixa. Por exemplo, estima-se que o crédito ao agricultor, vindo de fontes formais, normalmente atinja por volta de 20% das unidades familiares que trabalham a terra[14]. Por

---

[12] No Brasil, entende-se por privação de cidadania a falta de residência comprovadamente permanente, assim como, em muitos casos, documentos de identidade e registro de contribuinte no Ministério da Fazenda (CPF).

[13] No Brasil, por exclusão, não são consideradas agentes de crédito informal as instituições oficialmente constituídas regulamentadas, a saber: Bancos (múltiplos, comerciais e cooperativos), Sociedades de Crédito, Financiamento e Investimento (Financeiras), Sociedades de Fomento Comercial (*Factoring*), Cooperativas de Crédito, Consórcios, Sociedades de Crédito ao Microempreendedor (SCMs).

[14] Robinson (2001) p.176-7; Von Pischke (1991), p.173.

outro lado, os serviços financeiros informais, especialmente nas áreas rurais dos países em desenvolvimento, constituem um mercado expressivo, embora freqüentemente invisível ao se estudarem as estatísticas formais.

Os agentes de crédito informais de vários países da América Latina, África e Ásia são, portanto, os que operam fora do sistema financeiro legalmente institucionalizado[15]. Há vários tipos de agentes, as operações são heterogêneas, e o mercado utiliza diversas práticas na concessão dos créditos. Os elementos em comum são a informalidade e a flexibilidade nas operações. Isso vem reduzir os custos operacionais dos agentes informais e gerar vantagens comparativas em relação ao setor formal. Resulta daí que o crédito informal atinge um público que está além da fronteira alcançável pelo setor formal. O quadro abaixo resume as principais características dos créditos informais comparadas às dos formais.

Diferenças entre os Créditos Formais e Informais

Crédito Formal	Crédito Informal
Regulamentado e fiscalizado.	Não regulamentado.
Acesso limitado por exigências formais.	Fácil acesso.
Operações de valor baixo, médio e elevado.	Operações de baixo valor.
Exige garantias.	Operado com ou sem garantias.
Juros padronizados por tipo de operação.	Juros flexíveis.
Operações padronizadas com prazos de amortizações predefinidos.	Flexibilidade nas operações e prazos de amortização adaptados às necessidades dos clientes.
Área de abrangência expandida a nível nacional e internacional.	Área de abrangência limitada a um grupo de indivíduos, bairro ou município.

As poupanças voluntárias informais são constituídas por grupos de indivíduos de uma comunidade que contribuem (semanal ou mensalmente) ou para uma caixa comum do grupo, ou pela entrega da guarda de um numerário a um indivíduo. A participação dos indivíduos

[15] Por opção dos autores, foram considerados apenas os serviços financeiros informais ofertados por indivíduos que não estão reunidos em organizações legalmente constituídas, como, por exemplo, as ONGs. O leitor encontrará na literatura pertinente a inclusão de alguns tipos de organizações legalmente constituídas na categoria de informais.

nos grupos de poupança, muitas vezes, tem por objetivo igualmente o acesso a um crédito em regime rotativo. São vários os mecanismos conhecidos de formação tanto dos grupos quanto dos regimes de concessão de créditos, sendo alguns ilustrados adiante. A poupança voluntária junto a um agente de crédito informal consiste em confiar na idoneidade de um indivíduo que recolhe e guarda a poupança de vários outros. O objetivo do poupador é criar uma reserva em caso de necessidade pessoal ou de seu microempreendimento. A motivação para esses tipos de poupança, além do acesso ao crédito no caso dos grupos, é a disciplina que o comprometimento em poupar impõe e a ausência de instituições aparelhadas ou próximas para recebê-las.

A seguir apresentam-se os principais agentes de crédito informais, ilustram-se algumas das principais operações e, em seguida, discutem-se os principais mecanismos de poupança voluntária em grupo e individual.

O Crédito Informal

As operações de crédito informal podem ser divididas em três categorias[16], de acordo com a origem da motivação que as gerou, a saber: (i) operações de créditos que têm origem na distribuição. Nessa categoria, estão os créditos motivados pela aquisição de um bem, nascendo simultaneamente com a venda do bem, sendo oferecidos pelos comerciantes (fornecedores e comércio em geral); (ii) operações de crédito que têm origem particular. Nessa categoria, estão os que nascem da iniciativa dos indivíduos em procurar os agentes de crédito informal, pela necessidade de dispor de numerário para adquirir um bem, quitar um serviço ou outro compromisso; (iii) operações de crédito que têm origem na organização de grupos da sociedade civil. Nessa categoria, estão os créditos gerados pela poupança voluntária de grupos rotativos ou cooperativos informais de crédito.

---

[16] Idêntica classificação se aplica ao crédito formal.

Nos créditos de **origem distribuição,** cabe distinguir os outorgados pelo comércio formal e informal daqueles concedidos pelos comerciantes ambulantes informais. Inclui-se igualmente, nessa categoria, o crédito-fornecedor das indústrias, atacadistas e distribuidores aos seus clientes.

a. Crédito do comércio varejista

O crédito do comércio varejista era uma modalidade já bem difundida nas áreas rurais da Europa, quando veio a ter significativa importância na colonização do oeste e sul dos Estados Unidos no século XIX. Era comum o recurso a essa modalidade de crédito para financiar a aquisição parcial de bens de consumo ou de produção – geralmente 50% do valor do bem – tais como cavalos, montarias, charretes, móveis e sementes, mediante a assinatura de uma promessa de pagamento em dois ou três meses. Essa modalidade viria a se transformar em venda a prazo nas regiões urbanas, quando a massa de assalariados começou a mobiliar as suas residências. Os bens de consumo perecíveis eram geralmente adquiridos à vista, mas não era prática incomum do comércio varejista a venda a prazo, à "maneira dos padeiros franceses nas áreas rurais, que registravam os créditos concedidos com pequenos entalhos em bastonetes de madeira"[17].

Atualmente, no Brasil, o comércio varejista de todos os gêneros e portes vende a prazo. Nas grandes redes de distribuição, como nos países desenvolvidos, os créditos são concedidos geralmente ou por financeiras próprias, ou por bancos ou por independentes. Portanto, não se trata de créditos informais. No entanto, no comércio de menor porte, geralmente constituído por uma ou duas lojas de um ou mais sócios, o crédito informal é praticamente generalizado. Está, nessa categoria, a grande parte do comércio de móveis, rouparia de casa, vestuário e material de construção, entre muitos outros. Os preços

[17]Rosa-Maria Gelpi e François Julien-Labruyère, *Histoire du Crédit à la Consommation*, Paris, Édition la Découverte/ Série Économie, 1994, p. 136.

das mercadorias são expostos para venda a prazo e, a não ser pelo desconto, os juros não são aparentes. O principal motivo dos preços serem estabelecidos para venda a prazo é que o público-alvo desse comércio é constituído por pessoas de poder aquisitivo baixo.

No pequeno comércio varejista, constituído pelos armazéns de bairro que, em muitos casos, fornecem igualmente serviço de bar (botequim), o crédito, denominado **fiado**, não é muito diferente do concedido pelos padeiros franceses da área rural no decorrer dos últimos séculos. O bastonete foi substituído pelo caderno de anotações, e o crédito passou a ser concedido a moradores do entorno. A análise se baseia na reputação que o consumidor goza na comunidade e na intuição do comerciante. Os prazos para os créditos não são estabelecidos, há apenas um limite de risco por cliente. O comerciante é conhecedor das condições econômicas e idoneidade de seus clientes e, por elas, guia-se para o estabelecimento dos limites individuais de crédito. Trata-se de um crédito rotativo, visto que a quitação total ou parcial habilita o mutuário a novas compras a prazo.

b. Comerciantes ambulantes informais

Os comerciantes ambulantes informais constituem uma antiga categoria de mercadores que vendem bens de porta em porta, denominada igualmente de caixeiro-viajante ou mascate[18] – *colporteurs*, tanto em francês quanto em inglês. Esses comerciantes favoreceram o escoamento das mercadorias na conquista do oeste americano. A atividade dos *colporteurs* foi o cordão umbilical que ligou as terras de *frontier*[19] a Chicago.

Atualmente, os caixeiros-viajantes no Brasil comercializam uma vasta gama de mercadorias, tais como: utensílios de cozinha, rouparia de casa, vestuário, brinquedos e bijuteria, entre outras, em bairros de

---

[18] Mascate é uma denominação antiga, mas em desuso.

[19] Fronteira de conquista do oeste americano. Gelpi e Julien-Laruyère (1994).

baixa renda nas cidades e em vilarejos no interior. O crédito é concedido por prazos que variam de três a seis meses, e a cobrança é realizada igualmente porta a porta. Os preços são estabelecidos para vendas a prazo; inexistem preços para compra à vista. As mercadorias são adquiridas pelo caixeiro-viajante no comércio formal, que as revende com um ágio que pode atingir 100%.

c. Crédito fornecedor

Nos Estados Unidos, a *Singer Sewing Machine Company* iniciou vendas a prazo em meados do século XIX, e a prática se difundiu rapidamente no comércio de outros bens de produção e consumo. A expressão *hire-purchase,* empregada na publicidade da *Singer*, tornou-se a própria definição do produto financeiro nos países de língua inglesa. A partir de então os prazos de pagamento começaram a se alongar, e o valor inicial pago de entrada, a diminuir.

No século XX, o crédito fornecedor transcende a fronteira do crédito informal, visto que se torna uma modalidade amplamente difundida e institucionalizada na cadeia de produção e distribuição. O setor industrial concede crédito aos seus clientes (varejistas, atacadistas e distribuidores), assim como esses na revenda dos bens. Os prazos podem chegar a um ano nas economias desenvolvidas, sendo que, no Brasil, em geral, não ultrapassam noventa dias[20].

Trata-se da modalidade de crédito mais utilizada pelos microempreendedores formais e informais, visto que poucos dispõem de capital de giro de outra fonte. As exigências do credor podem-se limitar à relação comercial estabelecida entre as partes, sendo os cheques pré-datados amplamente utilizados como garantia das operações, embora não constituam, em muitos casos, uma condição necessária para que a transação se realize. O fator determinante é o cadastro moral do comprador e a confirmação da existência física e

[20] Podem atingir prazos mais dilatados, em certos casos, na cadeia de produção da indústria pesada.

permanente do seu estabelecimento. Tal como nos Estados Unidos do século XIX, os juros são embutidos na(s) prestação(ões). Uma pesquisa realizada no Rio de Janeiro revelou que o fornecedor é considerado um parceiro pelos pequenos comerciantes de bairros de baixa renda[21].

Na categoria de crédito de **origem particular,** identificam-se os seguintes agentes: agiotas, amigos, parentes e empregadores. Na seqüência, as características e as modalidades operacionais desses agentes serão ilustradas.

a. Agiotas (*moneylenders*)

Na Grécia do século VIII a.C., a atividade manufatureira se desenvolve, assim como o comércio, gerando fortunas mobiliárias. O emprego da moeda vem facilitar o seu manuseio, a sua transferência e o seu crédito – e os primeiros créditos no Ocidente garantidos por bens imobiliários (a terra) datam desse período.

Tal como para os que recorrem aos agiotas atuais e não conseguem quitar a dívida, o destino do mutuário era ingrato. A terra era confiscada, e o devedor, assim como a sua família (esposa e filhos), tornavam-se propriedade do credor, que os escravizava e podia vendê-los. Obviamente, nos dias de hoje, não se toma mais a propriedade da vida de outrem, mas todos os seus bens pessoais são apreendidos e em alguns casos a integridade física do devedor é agredida.

No século XVII d.C., surge em Flandres[22] a expressão "meu tio"[23], para designar de forma irônica os credores de empréstimos garantidos pelo penhor de bens (*pawnbrokers*), que, desde a era elisabetana[24], já vêm encontrando, na Inglaterra, terreno fértil para florescer, já que deixam de ser monopólio de Estado para se tornarem uma atividade priva-

---

[21] *O Mercado de Crédito para Pessoas de Baixa Renda no Município do Rio de Janeiro,* Rio de Janeiro, DAI Brasil, 2002.

[22] Atual território da Bélgica.

[23] *Mon Oncle*, em francês, e *My Uncle*, em inglês.

[24] Pertencente à era da Rainha Elisabete (1533 – 1603).

da. Com sedes denominadas “butiques de emprestadores a penhor”, a atividade designa “banco dos pobres”, visto que atende a diversas classes de trabalhadores. No fim do século XVIII, os empréstimos garantidos por penhor aproximam-se ou dos agiotas usurários[25], ou dos que serão mais tarde, nos Estados Unidos, os *money shops*, uma espécie de banco acessível a quem quer que seja. No decorrer do século XIX, a Lei veio proteger, na Inglaterra, os devedores de mais baixo poder aquisitivo, e nasce a distinção entre os *pawnbrokers* regulamentados, que concedem créditos até um determinado valor, e os que continuam livres, porque se reconhece nos *pawnbrokers* uma importante função social.

O Mito do Agiota Malévolo

No século XX, uma série de trabalhos acadêmicos e econômicos examinou os mercados financeiros informais, provendo evidências empíricas que refutam o que popularmente se conhece como “mito do agiota malévolo”. J.D. Von Pischke, autor do livro *Finance at the Frontier* e economista sênior do Banco Mundial, causou controvérsia ao adotar uma visão oposta à defendida por muitos formuladores de políticas para países em desenvolvimento:

> “O mito do agiota malévolo forma-se na crença de que esses agentes extraem a renda gerada por camponeses, capital e até mesmo a terra. De acordo com essa visão, a exploração ocorre diretamente na transação de crédito sob a forma de taxas de juros injustificáveis e talvez indiretamente através das redes de relacionamento, em que agiotas e clientes estão envolvidos, incluindo as formas de afirmação da posse de terra. Os arranjos comerciais podem ser construídos sob a forma de fornecimento de estoques para pequenos comerciantes, insumos agrícolas para fazendeiros, matérias-primas e máquinas para artesãos.

---

[25] Faz aqui referência a certas categorias de agiotas, tão bem pintados na literatura francesa do século XIX por Honoré de Balzac (1799-1850) e, na inglesa, por Charles Dickens (1812-1870).

O mito implica a afirmação de que a exploração, através das condições de crédito, é perversa e altamente opressora. Essa crença forneceu argumentos para a criação, por diversos governos, de movimentos cooperativos, de sistemas e de programas de crédito em vários países.

Quão seriamente devemos aceitar esse mito? O abuso é a regra ou a exceção? Em que medida se justifica a intervenção pública massiva? As finanças informais são geralmente exploratórias? De fato, a hipótese de exploração é raramente testada. As poucas pesquisas confiáveis sobre finanças informais geralmente falham na comprovação do abuso generalizado nas condições de crédito."

Von Pischke cita ainda as falhas fatais do mito, apoiando seu argumento com descobertas importantes acumuladas por diversas gerações de estudos sobre agiotagem em economias em desenvolvimento:

"Uma falha no mito é que casos extremos são freqüentemente interpretados como prática comum, mas a falha principal no mito do agiota malévolo é a de que ele interpreta taxas de empréstimos cotadas geralmente em níveis estratosféricos como uma evidência de práticas monopolistas... o teste econômico do monopólio, contudo, é o retorno líquido ou o 'bom e velho lucro.'"

Na década de 1950, Martin W. Wilmington sugeriu que a agiotagem não era necessariamente exploratória e ponderou as diferenças entre taxas de juros cotadas e os retornos líquidos desses agentes no Norte do Sudão. Adicionalmente, foram geralmente ignoradas as dificuldades que os agiotas tinham para diversificar as suas carteiras.

Anthony Bottomley criou o mais persistente desafio teórico ao mito do agiota malévolo em uma série de artigos, nas décadas de 1960 e 1970. Ele argumentou que as taxas de juros em empréstimos rurais eram altas devido ao ambiente da economia rural, não porque os agiotas obtivessem retornos típicos de monopólio. A moeda tinha alto custo de oportunidade, o crédito envolvia custos administrativos e risco. Bottomley concluiu que os retornos dos agiotas eram geralmente tão pequenos que bancos comerciais urbanos raramente concorreriam com eles.

...U Tun Wai, do Fundo Monetário Internacional, publicou uma revisão detalhada das taxas de juros e crédito informais. Ele definiu o mercado como consistindo de três segmentos: alternativas institucionais como cooperativas e bancos; agiotas respeitáveis, como proprietários de terras e comerciantes emprestando para pequenos fazendeiros a taxas altas porém razoáveis; e os desonestos emprestadores, 'tubarões do crédito' atendendo a clientes de alto risco a taxas exorbitantes; U Tun Wai indicou que o terceiro segmento não possuía um *market share* relevante."

Von Pischke caracteriza ainda estudos realizados na Índia, Malásia, Filipinas, Gâmbia e África Ocidental. Ele nota que, embora as evidências empíricas não suportem o mito, ele foi propagado pelos agentes de políticas públicas. Von Pischke afirma também que os observadores são geralmente partes interessadas: quando fundos governamentais são disponibilizados, esforços para substituir o crédito informal podem ser uma trilha para o poder político. O tratamento do tema por Von Pischke e o argumento de que agiotas não são sempre malévolos ou mesmo exploradores representam um importante fio de uma série de críticas aos programas de crédito rural dirigidos por governos nas décadas de 1970 e 1980 (ver capítulo III). Esse argumento foi também uma das primeiras contribuições intelectuais para uma afirmação adotada por muitos agentes de microfinanças: deve-se olhar além das taxas de juros para analisar os reais custos e benefícios de crédito para clientes de baixa renda.

Fonte: Von Pischke (1991), p. 173-184.

Atualmente, no Brasil, os agiotas são pessoas físicas que concedem ilegalmente créditos. Entretanto atuam livremente sem a interferência do poder público. Os agiotas tendem a ser os últimos agentes de crédito aos quais a população de todas as faixas de renda e as empresas recorrem[26]. O principal motivo é que eles concedem em-

[26] Brusky e Fortuna (2001), Gallagher, et al. (2001), e outros trabalhos não publicados da DAI-Brasil.

préstimos aos excluídos do crédito no sistema financeiro formal e informal, seja por inadimplência registrada nos órgãos de proteção ao crédito, seja por perda de cadastro moral. Cabe distinguir duas subcategorias de agiotas: (i) os que se dedicam exclusivamente à atividade de agiotagem, operam nos centros financeiros das cidades, estão instalados em escritórios de negócios e utilizam a mídia (jornais) e a distribuição de panfletos para promoverem as suas atividades; (ii) os que podem se dedicar exclusivamente à atividade ou tê-la como complemento de renda, estar, ou não, instalados em dependências permanentes, além de atuar geralmente nos bairros de baixa renda das regiões urbanas ou nas áreas rurais.

Os agiotas dos centros financeiros geralmente exigem identidade, CPF, comprovante de residência e garantias. Os agiota de periferia e bairros de baixa renda podem operar sem as exigências cadastrais e sem as garantias dos seus semelhantes dos centros financeiros. Eles se fiam no conhecimento pessoal que têm dos mutuários. Entretanto, são relatados casos de intensa pressão ou apreensão de bens, quando os créditos não são quitados. Na prática, o principal interesse desses últimos é manter seus clientes dependentes do valor principal do empréstimo e receber periodicamente os elevados juros que cobram. Os agiotas das áreas rurais geralmente financiam o plantio, exigindo a colheita em garantia. O mecanismo conhecido como *ijon* na Indonésia e *dadon* em Bangladesh tem, no Brasil, seu semelhante denominado *venda na palha*. Nos países da Ásia citados, o crédito pode ser garantido pela colheita, assim como pela produção de leite de uma vaca e mesmo de uma árvore frutífera.

b. Crédito de empregadores

No século XIX, quando os operários americanos das grandes cidades eram pagos trimestral ou semestralmente, os empregadores lhes adiantavam parte do salário sob a forma de créditos. Essa prática em nada difere do atual crédito outorgado pelos empregadores formais e informais no Brasil, denominado "vale". O "vale" é um escrito sem formalidade legal, representativo de dívida ou por empréstimo ou por adiantamento[27].

Mais comuns em grandes empresas são os empréstimos de valores elevados (podem superar um salário mensal) para a reforma da casa ou para emergências. Na ausência de uma política de concessão de crédito na empresa, os "vales" dependem da relação entre o empregador e o empregado, sendo quitados em prestações, via desconto mensal no salário.

c. Empréstimos de amigos e parentes

É difícil afirmar que o principal motivo do recurso ao crédito de amigos e parentes é a exclusão do mercado financeiro convencional: certamente, em parte o é, mas, em muitos casos, a utilização desse mecanismo pode ser motivada simplesmente pela flexibilidade e pela praticidade, notadamente quando envolvem valores relativamente baixos e por prazos muito curtos.

Há pouca literatura detalhando as práticas e as modalidades de créditos entre amigos e parentes em outras sociedades; nem tampouco no caso do Brasil encontrou-se texto pertinente ao assunto. Sabe-se que, entre brasileiros, a prática é comum em todas as classes sociais. Nas comunidades de baixa renda, geralmente os empréstimos dessa natureza envolvem valores baixos e prazos curtos. Empréstimos de valores mais significativos a serem quitados em prestações também são concedidos, principalmente diante de situações de emergência. Qualquer que seja a modalidade do empréstimo, há sempre constrangimentos no caso de não-pagamento, que pode levar ao estremecimento das relações sociais, como ilustra o provérbio inglês: "Emprestar a um amigo, é perder o dinheiro e o amigo".

Outra variante de crédito entre parentes e amigos, bastante praticada no Brasil, é o denominado crédito dos outros[28]. Trata-se de

---

[27] Dicionário Aurélio, 3ª ed., Rio de Janeiro: Nova Fronteira, 1999.

[28] Brusky e Fortuna (2001), Gallagher *et al.* (2001), e outros trabalhos não publicados da DAI-Brasil.

uma modalidade pela qual o parente ou o amigo disponibiliza ao futuro devedor a sua linha de crédito em um banco (cheque especial) ou o seu cartão de crédito. Essa prática é relativamente difundida entre população de baixa renda, apresenta sérios riscos para o credor e, apesar do relato de casos de não-pagamento, continua sendo praticada.

As poupanças voluntárias informais

As poupanças voluntárias informais enterram definitivamente o mito segundo o qual os mais pobres não poupam. Existe uma variedade de formas de poupança voluntária em grupo e individuais, que geram créditos para os próprios poupadores. A literatura pertinente é rica em exemplos de diversas épocas, em várias sociedades primitivas e modernas. Abaixo estão apresentadas as principais modalidades estudadas, a saber: ROSCAS[29] e ASCAS[30], na categoria de poupanças solidárias, e os Coletores de Poupança, na categoria de poupança individual.

a. ROSCAS

As ROSCAS são "clubes de poupança", formados por grupos de indivíduos que se unem para criar seus próprios mecanismos de serviços de intermediação financeira[31].

A ROSCA é um dos mecanismos mais antigos de serviços financeiros utilizados pelos pobres. Os registros vêm do século XIV, no

---

[29] Do inglês, *Rotating Saving and Credit Assotiations* – Associações de Poupança e Crédito Rotativo.

[30] Do inglês, *Accumulating Saving and Credit Association* – Associação de Crédito e Poupança Acumulativo.

[31] Stuart Rutherford, *The Poor and Their Money. An essay about Financial Services for the Poor*, New Delhi, Oxford Press University, 2000. (Definição traduzida e adaptada ao texto).

Japão, e, no século XVI, dos escravos iorubas levados da África para o Caribe[32]. Atualmente essa forma de associação e outras semelhantes são encontradas na África Ocidental, assim como em outras partes do mundo, com diversas denominações, como, por exemplo: *arisan* na Indonésia, *paluwagon* nas Filipinas, *gameya* no Egito, *ekub* na Etiópia, *cuchubal* na Guatemala, *chiquitiques* em Moçambique. No Brasil, é conhecida como *caixinhas* e *sorteios*.

Uma ROSCA típica é formada por um grupo de dez a 15 pessoas de uma comunidade de vizinhos, empregados de uma empresa, comerciantes da área que se encontram periodicamente – semanal, quinzenal ou mensalmente – e depositam, em um fundo comum, um valor previamente acordado. A cada encontro do grupo um membro de seus membros, em regime rotativo, será beneficiado pela soma total do fundo. O beneficio é outorgado em função do regime que se convencionou, a saber: ou por sorteio, ou por prévio entendimento, ou por entendimento na reunião, ou por lance (oferecimento aos demais componentes do grupo de uma recompensa para ser beneficiado no turno). Os grupos são liderados por um de seus membros ou por um terceiro escolhido. Ao cabo de cada ciclo completo, que corresponde a tantos encontros quantos forem os membros do grupo para que todos sejam beneficiados, o grupo se refaz ou com os mesmos participantes ou outros.

É importante observar que o mecanismo das ROSCAS permite, de forma simples, criativa e flexível, a constituição de poupança e o acesso ao crédito, para as pessoas de baixa renda. O leitor pode legitimamente perguntar: e se um membro do grupo não depositar em uma rodada ou depois de ter sido beneficiado por um crédito? A resposta é simples: isso pode ocorrer. Todavia, tratando-se de comunidades pequenas, o constrangimento social que essa pessoa irá sofrer tende a dissuadi-la de tal comportamento.

---

[32] H. D. Seibel, "*Informal Finance: Origins, Evolutionary Trends and Donors Options*", International Fund For Agriculture Development – Rural Finance Working Paper Series, N° A3, 1999 (Revisado em fevereiro de 2000).

Exemplos Brasileiros

No Brasil um exemplo de ROSCA é a *caixinha*, nas suas diversas modalidades. As caixinhas podem ser constituídas por funcionários ou pelo empregador em empresas, ou por moradores em comunidades de bairros. Na seqüência, são ilustrados os dois tipos de *caixinha*:

◆ Quando as *caixinhas* são constituídas nas empresas, os empregados se unem para criar um fundo no qual depositam mensalmente uma quantia previamente acordada. Os recursos do fundo são utilizados para promover festas e adquirir presentes para os colegas em datas especiais (casamento, Natal, nascimento de um filho). Servem também para conceder empréstimos aos membros participantes, sem a cobrança de encargos ou com juros abaixo dos praticados no mercado financeiro. Algumas *caixinhas* concedem empréstimos a terceiros, todavia com encargos mais elevados que os cobrados dos participantes. A iniciativa de criação de uma caixinha pode igualmente ser do empregador que, com a anuência dos empregados, desconta mensalmente uma determinada quantia de seus salários.

◆ Em Santa Cruz, bairro do entorno da cidade do Rio de Janeiro, observou-se uma *caixinha* formada por 40 moradores de um bairro, na qual cada participante deposita mensalmente R$20 de contribuição*. O fundo constituído pelos depósitos serve para conceder créditos aos participantes, limitados ao valor disponível na caixinha, quando da solicitação, ou ao triplo da renda declarada** do requerente. Os encargos são cobráveis mensalmente, sendo que o principal deve ser reembolsado no máximo até o fim de um ano fiscal, quando a *caixinha* é extinta e os resultados distribuídos entre os participantes. No ano seguinte nova caixinha é aberta, ou com os mesmos ou com novos participantes, para o período de um ano igualmente. Durante o ano, os participantes são convidados a vender rifas a parentes e a amigos, que virão engordar os resultados anuais da *caixinha*.

*Depoimento de um dos participantes da *caixinha*, senhor Leandro Nazareth Abrahão, taxista.

**Não é exigida a comprovação.

Fonte: Elaboração própria.

b. ASCAS

A ASCA difere da ROSCA pela motivação dos participantes dos clubes. Enquanto na ROSCA os indivíduos se unem para poupar e obter crédito a baixo custo, na ASCA as pessoas formam grupos para poupar, obter créditos e também como opção para remunerar seu capital. Os grupos típicos são constituídos com mais participantes do que na ROSCA, podendo atingir dois mil.

Na ASCA são constituídos fundos comuns mediante um aporte periódico de valores predeterminados, podendo ser os mesmos para todos ou não, e também depender da disponibilidade de cada membro na data estabelecida para os depósitos. Os créditos não são automáticos para todos os membros do grupo, devendo ser autorizados por um comitê, e o mutuário deve oferecer garantias para ser eleito. Indivíduos externos ao grupo podem igualmente receber créditos.

A administração do fundo pode caber a um membro do grupo ou a um terceiro, remunerado ou não. Geralmente a ASCA dura um ano, mas pode ser dissolvida antes, com a distribuição do seu patrimônio entre os membros.

c. O coletor de poupança

O coletor de poupança nada mais é do que um indivíduo que guarda a poupança de outros mediante o pagamento de uma taxa por esse serviço. A motivação do poupador pode ser material – falta de segurança na sua residência – ou pessoal, como o uso indevido da poupança pelo marido no caso de mulheres casadas. Interessante observar que o pobre não só poupa, mas paga para poupar[33] .

Um caso típico e ilustrativo, citado por Stuart Rutherford, é o de Jyothi, uma mulher que coleta poupanças de mulheres em uma favela

[33] Rutherford (2000).

de Vijayawada, cidade do sul da Índia. A sua tarefa consiste em visitar cerca de 50 mulheres, quase diariamente, para coletar pequenas somas previamente estabelecidas. O recebimento é anotado em uma tabela de dupla entrada com dez colunas e 20 linhas, total de 220 células. Quando todos os quadrados são preenchidos, passados 220 dias, um para cada célula, o valor correspondente a 200 células é devolvido ao poupador e o restante fica com a coletora.

Considerações Finais

Os serviços financeiros informais têm muito a ensinar a disciplinas da ciência social em geral, e particularmente às microfinanças e ao setor financeiro convencional. Observa-se como a sociedade civil, através dos séculos, vem-se organizando de forma criativa, solidária e eficiente para ter acesso aos serviços essenciais de crédito e poupança. No esforço de criar para si serviços financeiros, é notável o empenho dos agentes informais em modelar produtos flexíveis que atendam às necessidades das pessoas pobres.

Cabe notar que a contribuição dos serviços financeiros informais transcende a missão de atender à população de baixa renda, desempenhando um papel importante no desenvolvimento econômico e social. É o caso dos *colporteurs*, aos quais os historiadores atribuem um papel de significativa importância no escoamento da produção do norte para o oeste dos Estados Unidos, bem como o dos comerciantes que concedem créditos a pessoas de baixa renda, a quem o setor financeiro convencional não assiste, facilitando tanto as atividades produtivas quanto a aquisição de bens de consumo e duráveis: por esse feito, estimulam a atividade econômica[34] e contribuem para a formação de poupanças individuais.

As virtudes dos serviços financeiros informais têm igualmente seus limites. O marco da fronteira virtuosa é atingido, quando os ser-

[34]Ao contrário do modelo neoclássico de J.B. Say, no modelo Keynesiano (J. M. Keynes) o aumento do consumo aumenta o multiplicador das trocas e, portanto, a renda nacional.

viços são operados por agentes inescrupulosos que, ao concederem empréstimos, visam criar dependência nos devedores mais do que exercer uma atividade comercial lucrativa. Faz-se aqui referência a alguns que agiotam nos centros urbanos, concedendo créditos a indivíduos em situação de penúria, mantendo-os reféns do pagamento de juros elevados, e que, em represália pelo não-pagamento, chegam a atingir a integridade física dos credores. Essa modalidade tolerada de crédito informal contribui apenas para esfacelar a personalidade dos que se tornam dela dependentes.

CAPÍTULO 2

MOVIMENTO COOPERATIVISTA

...a filosofia dos pioneiros de Rochdale se torna inquestionavelmente clara. (...)a cooperativa promoveu a supremacia dos homens sobre o dinheiro.

David C. Richardson[35]

Introdução

O movimento cooperativista surgiu historicamente através de mobilizações comunitárias que resultaram na construção de mecanismos conjuntos de serviços financeiros. Embora tenham evoluído ao longo dos tempos e das regiões, as cooperativas ainda representam soluções criativas para populações sem acesso ao sistema financeiro formal tradicional.

O capítulo inicialmente descreve os *Irish Loan Funds*, considerados a mais antiga iniciativa institucionalizada no oferecimento de serviços financeiros à população de baixa renda. A seguir, é apresentada uma visão resumida da evolução do movimento cooperativista

[35] David C. Richardson, em Westley, Glenn and Brian Branch. "*Safe Money: Building Effective Credit Unions in Latin America*", Washington, DC: 2000, Johns Hopkins University Press for the Inter-American Development Bank and the World Council of Credit Unions.

desde o início identificado em 1844, na Inglaterra, seguido pela criação das cooperativas de crédito na Alemanha e Itália e a sua expansão para as Américas, já na virada para o século XX. O capítulo sintetiza em seguida a experiência das cooperativas de crédito e de poupança no Brasil, bem como a discussão de como o movimento cooperativo se situa no contexto atual de serviços financeiros oferecidos por instituições em países desenvolvidos e em desenvolvimento.

Fundos de Crédito Irlandeses (*Irish Loan Funds*)

Em seu ápice, esse sistema atendeu 500.000 cidadãos irlandeses – 20% dos domicílios do país – através de cerca de 300 instituições especializadas em produtos de crédito e poupança[36]. De fato, existiram dois tipos de fundos de crédito – um sistema, denominado *Reproductive Loan Fund Institution* (Instituição de Fundos de Crédito Rotativo), que recebeu 300.000 libras de doações da elite londrina, mas rapidamente erodiu devido à corrupção e à incompetência no gerenciamento. Outro grupo de instituições, chamado diretamente de *Irish Loan Funds* (Fundos de Crédito Irlandeses), operou como instituições independentes de crédito e poupança, embora reguladas por um comitê em Dublin focado em proteger os recursos dos depositantes. Uma fonte atribui a origem desse grupo ao escritor irlandês Dean Jonathan Swift, que capitalizou o primeiro fundo em 1750, com 500 libras de seu próprio bolso[37]. Os empréstimos variaram entre cinco e dez libras, com pagamentos mensais livres de taxas de juros, concedidos com base na avaliação de caráter e apresentação de dois fiadores. Em caso de atrasos, Swift procedia imediatamente à cobrança dos garantidores, inclusive em esfera judicial. Essas medidas aparentemente intimidavam os tomadores de tal forma que o fundo apresentou baixas taxas de inadimplência.

---

[36] Hollis, Aidan and Arthur Sweetman, "*Microcredit, What can we Learn from the Past?*" University of Victoria, Canadá: 1998, p. 11.

[37] Instituto Brasileiro de Administração Municipal – IBAM, *A Expansão das Microfinanças no Brasil*, Rio de Janeiro: 2003, IBAM, p. 16. Nota: outras fontes consultadas defendem a existência dos Fundos de Crédito Irlandeses desde 1720. A história de Jonathan Swift é aqui citada a título de ilustração.

Assim como o fundo de Swift, muitos dos outros Fundos de Crédito Irlandeses também apresentaram baixa inadimplência. Além da grande demanda pelos serviços, duas políticas contribuíram para o rápido crescimento dessas iniciativas no início do século XIX: a isenção de taxação nos empréstimos, o que diminuía os custos de transação; e a permissão governamental para a cobrança de juros e a captação de depósitos.

História de Clientes dos Fundos de Crédito Irlandeses

O perfil dos clientes, conforme expresso nas "histórias de sucesso" publicadas nos relatórios anuais, é similar ao perfil dos tomadores atuais de microcrédito:

"[Um cliente] possui uma pequena propriedade rural; obteve um empréstimo e investiu as quatro libras na tecelagem de linho, empregando as quatro filhas; com a ajuda delas, pagou as prestações e adicionou assim quatro libras à sua riqueza; comprou uma vaca, que agora vale seis libras; atualmente, ele tem três vacas e sente-se tão satisfeito que provavelmente não tomará novos empréstimos."

Fonte: *Third Annual Report of the Loan Fund Board*, (1841) p. 13, citado em Hollis e Sweetman, 1998.

Motivações políticas levaram o governo a estabelecer tetos para as taxas de juros em 1843[38]. A reação dos Fundos deu-se com a redução das taxas pagas aos depositantes, e isso levou muitos clientes a migrarem para bancos comerciais e postais. Simultaneamente, a piora nas condições econômicas da população atendida devido a problemas nas safras agrícolas acarretou aumento na inadimplência.

[38] Steinwand (2001: 52-54), citado em Seibel, Hans Dieter, "*International Experience: What matters in development finance, microfinance, rural finance*?" Este ato pode ter sido um resultado direto da pressão feita naquela época pelos bancos comerciais e postais ou apenas uma vontade política das classes mais abastadas em limitar e controlar a trajetória dos Fundos.

Muitos Fundos fecharam, mas, a despeito dessas dificuldades, alguns sobreviveram e, de fato, fortaleceram-se. No final do século XIX, entretanto, boa parte desses Fundos se caracterizava por cobranças abusivas de tarifas, especialmente em regiões remotas onde a concorrência era baixa. Esse fato marcou o estágio final de declínio dessas instituições, que desapareceram por completo na década de 1950.

O contraste na evolução dos dois tipos de fundos citados acima demonstra o impacto negativo da dependência de doações, em comparação à dinâmica positiva que surge quando há mobilização de poupança e administração eficiente[39]. Como veremos a seguir, essa mesma lição será aprendida pelos primeiros líderes do movimento cooperativista, bem como nas cooperativas latino-americanas do século XX.

Origens do movimento cooperativista – os tecelões de Rochdale

Todas as cooperativas – de crédito, consumo, agrícolas – tiveram a sua origem histórica em 1844, na cidade inglesa de Rochdale, quando um grupo de trabalhadores têxteis se uniu em torno de problemas comuns[40]. Durante a Revolução Industrial, os baixos salários – insuficientes para cobrir as necessidades básicas – levaram à formação de grupos que reivindicavam melhores condições de trabalho, especialmente salários mais altos. Face às dificuldades no atendimento dessas reivindicações, que ocorriam em toda a Inglaterra, alguns trabalhadores de Rochdale desenvolveram soluções alternativas, visando aumentar o poder de compra de seus salários. A primeira inovação foi a criação de um fundo de ajuda mútua com o objetivo de comprar bens de consumo no atacado. Esse fundo era formado por uma contribuição mínima semanal de cada trabalhador.

---

[39] Hollis e Sweetman (1998) enfatizam esse como um dos principais resultados do estudo de seis organizações de microcrédito na Europa do século XIX, incluindo os Fundos de Crédito Irlandeses e as Cooperativas Raifessen (estas, descritas ainda neste capítulo).

[40] Holyoake, G. J., "Os 28 Tecelões de Rochdale", Brasília: 2001, CONFEBRAS.

Com os recursos coletados, alugou-se um armazém onde eram expostos os bens comprados, e estes eram revendidos para os próprios participantes do fundo por um preço um pouco mais elevado que o cobrado pelo mercado. Os cooperados pagavam um pouco mais caro pelos bens de consumo do armazém em troca de um rendimento maior de seus fundos no final do mês.

O fundo, depois chamado de cooperativa, foi bem-sucedido, e o número de membros cresceu rapidamente. Parte dos lucros era usada para capitalizar o fundo, e novas iniciativas foram implementadas, como a compra de um moinho de farinha, o que gerou empregos e lucros para o grupo. A cooperativa de Rochdale estabeleceu sete princípios básicos que continuam a servir de inspiração para o movimento cooperativista mundial.

Os Princípios de Rochdale

1. Voluntariado e Abertura dos Membros

Cooperativas são organizações voluntárias, abertas a todas as pessoas capazes de usar os serviços oferecidos e dispostas a aceitarem as responsabilidades, sem qualquer discriminação sexual, social, racial, política ou religiosa.

2. Controle democrático

As Cooperativas são organizações democráticas controladas por seus membros, que podem participar ativamente no estabelecimento de políticas e no processo decisório. Os homens e as mulheres eleitos como representantes devem prestar contas aos membros. Nas cooperativas primárias, os votos de cada membro são igualitários, e outros níveis de cooperativas também são organizados de forma democrática.

3. Participação econômica

Os membros contribuem igualmente e controlam democraticamente o capital das suas cooperativas. Parte do capital é usualmente mantida como propriedade comum da cooperativa. Os membros geralmente recebem uma remuneração limitada sobre o capital aportado e destinam lucros para alguma das alternativas: desenvolvimento das cooperativas, inclusive com novos recursos; ajuda a membros na proporção das suas atividades com a cooperativa; e apoio a outras atividades aprovadas pela maioria.

4. Autonomia e independência

As Cooperativas são autônomas e de ajuda mútua, controladas por seus membros. Caso realizem acordos com outras organizações, inclusive governos, ou obtenham capital de outras fontes, devem fazê-lo mantendo a autonomia e a razão democrática.

5. Educação, treinamento e informação

As cooperativas oferecem educação e treinamento para seus membros, representantes eleitos, gerentes e empregados, de forma a habilitá-los a melhor contribuir para o desenvolvimento da cooperativa. Esses agentes devem ser propagadores, especialmente junto a comunidades jovens e formadores de opinião, da natureza e dos benefícios do cooperativismo.

6. Cooperação entre cooperativas

As Cooperativas fortalecem os cooperados e o movimento cooperativista mais efetivamente quando trabalham de forma conjunta em estruturas locais, nacionais, regionais e internacionais.

7. Preocupação com a comunidade

Embora focadas nas necessidades dos membros, as cooperativas trabalham pelo desenvolvimento sustentável das suas comunidades, através das práticas aprovadas por seus membros.

O sucesso do movimento cooperativo de Rochdale levou à criação de organizações similares em toda a Inglaterra e em outros países europeus, concentrando as suas atividades em fins ou como produção ou como consumo. Dentre os movimentos pioneiros na Europa Continental, destacaram-se a primeira cooperativa na região da Tchecoslováquia (apenas um ano depois de Rochdale, em 1845), as cooperativas sanitárias na Iugoslávia, artesanais na Hungria, de produção na França, de consumo na Suécia (cooperativa *Forbundet*), dentre outras[41]. Porém, o primeiro movimento cooperativista que traria para seus membros novas possibilidades de crédito alternativas aos mecanismos informais ocorreria na Alemanha, como descrito a seguir.

Alemanha: os pioneiros Raiffeisen e Schulze-Delitzsh

As modernas cooperativas de crédito originaram-se de duas cooperativas pioneiras surgidas na Europa em meados do século XIX, fundadas por Friedrich Wilhelm Raiffeisen e Hermann Schulze-Delitzsh. Naquela época, regiões da Europa passavam por uma crise agrícola, cujos efeitos eram agravados pelo fato de ser a agricultura a principal atividade econômica na maior parte dos países, inclusive na Alemanha. Muitos produtores rurais ficaram desprovidos de produtos para vender e recorreram a empréstimos locais. As taxas de juros eram tão altas que a liquidação se tornava muitas vezes impossível e criava uma relação de dependência[42].

Friedrich Wilhelm Raiffeisen era filho de agricultores e passou a sua juventude trabalhando em áreas rurais e observando as dificuldades enfrentadas pelos seus colegas, principalmente a da falta de acesso a crédito para administrar os ciclos das suas atividades. Raifeissen iniciou um movimento a favor da formação de sociedades

41 "*Cooperativismo en el mundo*", http://www.portalcooperativo.com/cooperativismo/coopmundo.htm.

42 Thenório Filho, Luiz Dias, "Pelos Caminhos do Cooperativismo: com Destino ao Credito Mútuo". Brasília: 2002, CONFEBRAS, p.98.

de crédito, nas quais as pessoas ricas depositassem fundos de forma que os beneficiários fossem pessoas pobres[43]. Essa primeira tentativa não foi bem-sucedida. Muitos dos beneficiários não utilizavam os recursos dos fundos para a aplicação em atividades produtivas e, como não tinham que pagar por tais recursos, não havia estímulos à geração de resultados.

Inspirado na iniciativa de Rochdale, Raiffeisen reuniu alguns líderes rurais da cidade de Flammersfeld na Alemanha[44] para criar uma cooperativa que ajudasse a população local a melhorar a sua qualidade de vida e a se livrar dos agiotas que dominavam a região. O princípio da ajuda mútua, através da poupança coletiva e dos créditos oriundos do fundo dessas poupanças, foi facilmente assimilado pelos primeiros participantes. Raiffeisen e seus associados criaram, em 1848, a primeira cooperativa de poupança e de crédito rural do mundo.

Dois anos mais tarde, ainda na Alemanha, o então advogado Hermann Schulze-Delitzsh (1808-1883) criou a primeira cooperativa urbana do mundo, tornando-se depois prefeito da sua cidade e membro da Assembléia Nacional alemã. Em 1865, Luigi Luzzatti inicia na cidade de Veneza, Itália, a primeira cooperativa urbana aberta[45], originando os chamados *Banche Popolari*. Embora existam algumas diferenças entre as cooperativas fundadas por Raiffeisen, Schulze e Luzzatti, todos os três tipos adotavam os princípios de ajuda mútua (*self-help*).

As cooperativas de crédito européias sofreram uma evolução institucional empurradas pelo crescimento do número de membros. Os bancos cooperativos surgiram no final do século XIX na Alemanha[46] para prover serviços financeiros adicionais às cooperativas,

---

[43] Thenório F°, Luiz Dias. "Pelos caminhos do cooperativismo com destino ao crédito mútuo", 2002, pág 99.

[44] Meinen, Ênio. "Cooperativas de crédito no direito brasileiro", 2002, p.11.

[45] As cooperativas abertas são aquelas cujos associados não têm um vínculo comum entre si.

[46] Em 1872, funda-se o Banco Cooperativo Agrário Remano em Neuwied, primeira Caixa Central Rural.

mas expandiram-se e tornaram-se bancos múltiplos ao longo do século XX. O sistema financeiro cooperativo europeu apresentou alternativas de propriedade coletiva, com controles acionários partilhados entre cooperativas, comunidades e governo. Atualmente, existem na Europa 6.039 cooperativas de crédito, atendendo aproximadamente a seis milhões de clientes[47], além de cerca de 5.000 bancos cooperativos, com uma clientela superior a 100 milhões de pessoas[48].

A "exportação" do cooperativismo de crédito para as Américas

As cooperativas de crédito surgidas nas Américas, nos últimos anos do século XIX e início do século XX, seguiram três movimentos principais: as *credit unions* na América do Norte, criadas sob a liderança inicial do canadense Alphonse Desjardins; as cooperativas "missionárias", iniciadas por padres católicos, voluntários dos Corpos da Paz[49] ou programas de ajuda norte-americanos, especialmente nos países da América Central e região Andina; e as instituições fundadas por imigrantes europeus no Cone Sul (Uruguai, Argentina e Brasil)[50].

---

[47] Referente a dez/02. Fonte: Relatório Estatístico 2002 de *World Council of Credit Unions* – WOCCU.

[48] Os maiores e mais importantes são o DG *Bank* (Alemanha), *Credit Agricole* (França) e *Rabobank* (Holanda), países onde a participação dos bancos cooperativos é mais expressiva. Fontes: GEBC (*European Association of Co-operative Banks*), www.gebc.org; Armbruster, Paul e Arzbach, Mathias. "*El sector financiero cooperativo de Alemania*", Confederação Alemã de Cooperativas, DGRV, Bonn – San José, 2003.

[49] Os Corpos de Paz foram instituídos pelo presidente Kennedy, com o objetivo de enviar voluntários ao chamado Terceiro Mundo, para trabalhar em projetos de assistência comunitária, especialmente nas áreas de educação, saúde e desenvolvimento agrícola.

[50] Cooperativas com outros fins (como produção e consumo), inspiradas nos tecelões de Rochdale, surgiram nos continentes americanos alguns anos antes, sendo exemplos de marcos pioneiros a *Cooperativa de Carpinteros e Sombreros* no México em 1873, a *Sociedad Cooperativa de Producción y Consumo de Buenos Aires*, surgida na Argentina em 1875, e a *Sociedad Cooperativa de Mucamos y Cocineros*, no Uruguai em 1877. A primeira cooperativa brasileira é datada de 1891, em Limeira, São Paulo, voltada para o consumo.

Canadá e EUA

O início do cooperativismo de crédito nessa região é atribuído a Alphonse Desjardins, cidadão nascido na província canadense de Quebec, onde se concentravam muitos imigrantes franceses e seus descendentes. Quebec era a província mais pobre do país no início do século XX, e a maioria de seus habitantes se dedicava à agricultura e à pecuária. Desjardins, como Raiffeisen e Schulze no século anterior, testemunhou como os produtores rurais se tornavam dependentes de agiotas durante as épocas de colheita insuficiente e como se mostravam incapazes de lidar com o caráter cíclico da sua atividade.

Trabalhando como taquígrafo na Câmara de Deputados de Quebec, Desjardins tomou conhecimento de estudos sobre a miséria e desemprego locais, bem como da implantação de duas iniciativas fracassadas – embora bem-intencionadas: um mecanismo de crédito governamental e um ato antiusura[51]. Com a preocupação de seus conterrâneos em mente, passou a estudar formas de financiamento alternativas para populações de menor renda. A sua principal fonte de estudos se baseava nos relatos das experiências de Raifeissen, Schulze e Luzzatti.

Desjardins fundou em 6 de dezembro de 1900, em sua própria casa, a Caixa Popular de Levis (*Caisse Populaire de Levis*), como fonte de crédito para a classe trabalhadora local[52]. Contando inicialmente com 12 membros, enfrentou nos primeiros anos obstáculos regulatórios e até mesmo religiosos (a Igreja o ameaçava de expulsão pela cobrança de juros nos empréstimos). Depois de 1906, a expansão se acelerou. A rede bancária canadense na época não tinha grande capilaridade, não se interessando pelo atendimento de populações de menor renda que viviam em localidades distantes das grandes cidades.

---

[51] Roby, Yves, "As Caixas Populares Alphonse Desjardins" Brasília: 2002, CONFEBRAS, p. 24.

[52] *Ibid*, pp. 26 e 31.

Embora algumas organizações civis de crédito e poupança existissem nos Estados Unidos desde 1892, foi atribuída também a Desjardins participação na fundação da primeira *credit union* formal dos Estados Unidos, em 1909 – a *St. Mary's Cooperative Credit Association*, em Manchester, New Hampshire. Essa associação passou a atender uma comunidade canadense de origem francesa que tinha emigrado para trabalhar na produção têxtil[53]. Edward Filene, homem de negócios de Massachusetts, que participou das primeiras iniciativas em 1892, tornou-se o principal líder desse movimento e foi responsável direto pela organização da primeira associação de *credit unions* em 1914, *Massachusetts Credit Union Association*. Filene também criou uma fundação (a *Twentieth Century Fund*), que financiou quase todas as atividades de desenvolvimento de tais organizações entre 1920 e 1934. Outras organizações privadas, como a *Russell Sage Foundation* em Nova York, também apoiaram a organização e a regulamentação de *credit unions*.

As *credit unions* ganharam mercado durante a Depressão Americana nos anos 30. O colapso do sistema bancário norte-americano deixou os trabalhadores de baixa renda sem acesso a serviços financeiros, facilitando a criação de novas instituições cooperativas para o atendimento dessa demanda. Além disso, as *credit unions* apresentaram boa performance, mesmo durante a depressão. Um estudo realizado em 1937 demonstrou que 34,5% de todos os depósitos bancários, 35,9% dos fundos de investimento e 74,5% dos programas de compra de ações por empregados foram perdidos durante a década, enquanto apenas 6,7% das poupanças das *credit unions* apresentaram tal resultado.[54]

Durante a década de 1930, dois eventos significativos transformaram a indústria. O primeiro foi a assinatura do *Federal Credit Union Act* em 1934. Esse ato determinou que as *credit unions* seriam

[53] MacPherson, pp. 9-11.

[54] Citado em MacPherson, p. 22.

submetidas a leis federais nos Estados onde não houvesse leis estaduais e criou um agente regulador separado dos bancos. O Governo norte-americano visava, com tais decisões, estimular o acesso ao crédito e contribuir para a recuperação da atividade econômica. O segundo evento foi a criação, também em 1934, da *Credit Union National Association (CUNA)*, uma confederação das associações estaduais de *credit unions*, com os objetivos de promover o movimento nacionalmente e apoiar iniciativas cooperativas em outros países.

Cooperativas de Crédito e Poupança *versus* *Credit Unions*: qual a diferença?

"Os termos são freqüentemente usados como sinônimos. No entanto, o termo *credit union,* na América do Norte, surge para evitar a conotação negativa do termo ´cooperativa`, especialmente nos Estados Unidos, onde cooperativas tinham a imagem de instituições frágeis, de serviços ineficientes, sendo, em alguns casos, associadas ao comunismo. As *credit unions* primariamente atendiam os trabalhadores remunerados e evoluíram para intermediários financeiros plenos, praticamente idênticos aos bancos comerciais, com exceção da estrutura acionária. O objetivo primário das *credit unions* era atender à gama de serviços financeiros demandados pelos membros, de forma superior a qualquer outro agente financeiro ou bancário. Por outro lado, as cooperativas de crédito e poupança inspiradas nas iniciativas européias, incluindo as que se tornaram bancos, focaram na promoção dos empreendimentos de seus membros através de crédito e poupança."

Fonte: John Magill, *Development Alternatives, Inc.*, comunicação escrita em 16 de setembro de 2003, e Professor Hans Deiter Seibel, *Ohio State University Devfinance Listserve, February* 27, 2003.

As *credit unions* mantiveram-se como organizações locais e de escala reduzida nos EUA até os anos 70. A maioria estava direcionada para a prestação de serviços como poupança (sob a forma de ações) e pequenos empréstimos para seus membros, que eram tipicamente grupos de empregados de uma mesma empresa. Os cooperados geralmente mantinham a maior parte das suas reservas financeiras investidas em bancos, nos quais também realizavam quase todas as suas transações financeiras. Na década de 1970, os líderes das *unions* perceberam essa tendência, inclusive através de uma série de estudos sobre as opiniões e as atitudes dos membros. Os cooperados consideravam que o elemento-chave de serviços financeiros era a posse de uma conta-corrente e que havia uma tendência em concentrar as demais transações na instituição que a oferecesse, mesmo com menor remuneração.

A partir desses estudos, os líderes nacionais iniciaram um movimento que revolucionaria as *credit unions* norte-americanas, estabelecendo, como meta, tornarem-se as principais instituições financeiras para seus membros. Inicialmente, foram ampliadas as possibilidades de filiação, passando a incluir também cônjuges e filhos dos membros, que também poderiam manter a filiação mesmo depois de saírem do emprego, evoluindo em seguida para o atendimento de comunidades e não apenas de funcionários (e seus familiares) de determinadas empresas.

As *credit unions* também promoveram agressivas campanhas para expandir a oferta de serviços. Entre as inovações, destacaram-se as linhas de crédito disponibilizadas para os membros, liberando-os de solicitarem crédito todas as vezes que precisassem. Mais importante ainda foi o desenvolvimento de um instrumento denominado *share draft* ("saque de cota"). Embora as *credit unions* não fossem autorizadas a oferecer contas-correntes, esses saques eram de fato cheques bancários com o logotipo das *credit unions*, sacados contra os recursos depositados pelos membros, aceitos em toda a rede bancária. O sucesso dessas inovações deveu-se não só aos benefícios de seus serviços, mas também ao apoio decisivo da agência reguladora federal (*National Credit Union Administration – NCUA*). As ações judiciais contra o oferecimento desses serviços foram derrotadas, e o Congresso concedeu aprovação para tais transações. Outros serviços importantes disponibilizados incluíram poupança para aposentadoria, empréstimos habitacionais, caixas automáticos e cartões de crédito.

O terceiro grupo de ações envolveu a criação de sistemas nacionais de administração de créditos, poupança, cartões de crédito e demais serviços, administrando a liquidez e a segurança das instituições como um todo. A NCUA foi ainda autorizada a garantir os depósitos dos membros cooperados.

Como resultado de todas essas mudanças, as *credit unions* norte-americanas cresceram rapidamente nas últimas três décadas. Atualmente, existem cerca de 83 milhões de membros nos Estados Unidos distribuídos entre cerca de dez mil *credit unions*, com depósitos totais de US$ 500 bilhões e carteira de crédito de US$ 350 bilhões[55].

América Latina

As cooperativas de crédito foram introduzidas nos países latino-americanos através de diferentes iniciativas. O primeiro movimento foi efetuado nos países do chamado Cone Sul, através de imigrantes europeus, em muitos casos padres católicos, que instauraram as primeiras cooperativas seguindo os modelos de Raifeissen, Schulze e Luzzati. Esse foi o caso da Argentina, considerado o país pioneiro no cooperativismo de crédito nas Américas, com a fundação em 12 de abril de 1887[56] do Banco Popular Argentino, formado por um grupo de amigos de Buenos Aires, liderado por Sixto J. Quesada[57]. Em 1902, surgem as primeiras cooperativas de crédito no Uruguai (*cajas populares,* fundadas no *Segundo Congresso de Círculos Católicos de Obreros)* e no Brasil (detalhado mais adiante).

Nos países andinos e da América Central, as primeiras cooperativas de crédito foram implantadas por padres católicos e missionários apenas nas décadas de 1930 e 1940. Ao contrário das cooperati-

---

[55] Referente a dez/02. Fonte: Relatório Estatístico de 2002 da WOCCU.

[56] Dois anos antes, em 1885, surgira no país a *Unione Cooperativa Italiana*, projeto de cooperativa de produção, consumo, crédito e construção.

[57] O Banco Popular funcionou como cooperativa até 1927. Desde então um banco comercial, é atualmente controlado pelo grupo inglês HSBC.

vas norte-americanas, que nasceram se baseando em grupos de empregados, as cooperativas latino-americanas surgiram unindo comunidades localizadas perto das Igrejas[58]. Dirigidas priorizando os laços sociais, muitas dessas instituições não tinham uma administração profissional, apresentando problemas de inadimplência e taxas de juros abaixo do nível necessário para a atividade[59]. Com o crescimento do número de associados, as cooperativas sentiram a necessidade de se adaptar, contratando profissionais para melhorar a qualidade de seus serviços e processos. Atualmente são poucas as cooperativas que continuam dominadas por religiosos, apesar de ainda manterem relações com o clero.

Em 1954, a CUNA criou um Departamento de Expansão Mundial, iniciando um processo de estímulo ao cooperativismo. Em 1962, a CUNA associou um contrato com a Usaid[60] para promover cooperativas na Colômbia, expandido em seguida para outros 16 países latino-americanos. Os projetos geralmente contavam com recursos do Usaid, técnicos da CUNA e voluntários dos Corpos da Paz. É importante destacar que, naquela época, os recursos doados pela Usaid eram geralmente empregados na assistência técnica e demais atividades de fomento, mas não para repasse de crédito aos membros, salvo raras exceções. As concessões de crédito das cooperativas deveriam ser financiadas com a poupança dos próprios membros[61].

---

[58] Na Bolívia, por exemplo, as três maiores cooperativas de crédito têm origem e nomes religiosos: *La Merced, San Martin e Jesus Nazareno.* No México, as cooperativas de crédito formalizadas surgiram em 1951, sob a liderança de padres católicos.

[59] Westley and Branch, 2002, p.3.

[60] Criada no contexto da Aliança para o Progresso pelo presidente John Kennedy, a Usaid, dentre outros projetos, envolveu-se ativamente no estímulo à criação de cooperativas agrícolas, comerciais e de crédito na América Latina.

[61] Algumas instituições canadenses também realizaram projetos de promoção internacional do cooperativismo, como o Movimento *Antigonish* (originário da Nova Escócia), atuante especialmente no Caribe, e a DID (*Development International Desjardins*), fundada em 1970, a qual realizou projetos nas décadas seguintes em mais de 20 países na África, Ásia e Europa Oriental. Na América Latina, a DID oferece assistência técnica ao Governo mexicano desde 1998, no estímulo ao cooperativismo de crédito.

Nos anos 70, entretanto, os doadores norte-americanos (por exemplo, o Banco Interamericano de Desenvolvimento – BID) passaram a utilizar o financiamento de cooperativas de crédito como um instrumento direto de fomento à atividade rural e à redução da pobreza. Foram realizados empréstimos subsidiados, bem como doações para federações nacionais de cooperativas, repassados a baixo custo para as cooperativas, que passaram a depender, em menor medida, da mobilização da poupança popular[62]. A dependência de financiamentos externos agravou-se nos anos 80, quando a alta inflação e o baixo crescimento econômico da maioria dos países da região somaram-se à incapacidade de as cooperativas mobilizarem os recursos dos membros e à mudança de posição dos doadores externos, que passaram a restringir empréstimos subsidiados[63]. Em vários países, existiam ainda restrições legais em nível da taxa de juros praticada nos empréstimos das cooperativas.

Com tantos efeitos desfavoráveis, as cooperativas de crédito latino-americanas perderam espaço, inclusive para bancos comerciais[64], organizações não-governamentais – ONGs – e instituições de microfinanças (discutidas nos capítulos 4 a 6). No entanto, as cooperativas de crédito ainda representaram uma alternativa de financiamento importante, especialmente em áreas rurais. No ano 2000, ofereceram cerca de US$ 2,6 bilhões a microempreendedores latino-americanos, comparados a apenas US$ 800 milhões de bancos comerciais, financeiras e ONGs combinados[65].

[62] O BID chegou a emprestar US$ 40 milhões por um prazo de 40 anos, a uma taxa anual de 1%.

[63] Westley e Branch, 2002, p. 3, e Rhyne, Elisabeth, "*Mainstreaming Microfinance: How Lending to the Poor Began, Grew, and Came of Age in Bolivia*", *Bloomfield*, CT: 2001, Kumarian Press, p. 56.

[64] Marulanda, Beatriz "*Here Come the Commercial Banks*" em Westley e Branch, 2002.

[65] Glenn Westley, "*Can Financial Market Policies Reduce Income Inequality?*" SDS *Working Paper, InterAmerican Development Bank*, *Washington*, D.C., 2000.

Impactos nas Cooperativas de Crédito latino-americanas durante as crises macroeconômicas e bancárias

A DGRV – Confederação Alemã das Cooperativas, em parceria com a COLAC – Confederação latino-americana de Crédito, concluiu uma avaliação em junho de 2003 comparando os impactos nas cooperativas de crédito com aqueles sofridos pelo sistema bancário durante as crises financeiras na década de 1990. Os resultados indicaram uma melhor performance das cooperativas tanto em crises geradas pela esfera bancária (Equador, Honduras, Paraguai e Venezuela em 1994) como nas macroeconômicas (Argentina e Uruguai em 2002) e políticas (Venezuela em 2002-2003). Dentre os possíveis motivos sugeridos no estudo, estavam a maior fidelidade dos membros cooperados, a manutenção dos pagamentos dos empréstimos cooperativos pela existência de descontos automáticos em folhas de pagamento, a menor dependência de recursos estrangeiros na captação das cooperativas e a baixa integração com o sistema de pagamentos nacional, diminuindo o contágio das crises bancárias. De fato, em situações de crise bancária prolongada, demonstrou-se uma tendência ao fortalecimento das cooperativas como alternativa de serviços financeiros.

País e data	Crise	Efeito nos bancos	Efeito nas cooperativas
Argentina, 2002.	Política, monetária e bancária.	Colapso do sistema bancário, congelamento dos depósitos.	Mais suave que nos bancos.
Brasil, 1994.	Crise bancária após o fim da inflação.	Reestruturação de bancos privados e públicos, sem perda de fundos para os depositantes.	Não afetadas.
Honduras, 2000.	Crise bancária.	Fechamento de cinco bancos.	Beneficiadas, aumentaram penetração.
México, 1994-1995.	Desvalorização da moeda, crise monetária e bancária.	Custo da reestruturação dos bancos de 14% do PIB.	Beneficiadas, aumentaram penetração.
Paraguai, 1995	Crise bancária.	Custo da reestruturação dos bancos de 4% do PIB.	Beneficiadas, aumentaram penetração.
Uruguai, 2002	Crise cambial e bancária.	Colapso do crédito bancário.	Mais suave que nos bancos.
Venezuela, 1994	Crise bancária.	Custo da reestruturação dos bancos de 17% do PIB.	Beneficiadas, aumentaram penetração.

Fonte: Arzbach, Mathias. "*Estabilidad Sistémica y Cooperativas de Ahorro y Crédito en América Latina*", *Documento para Discusión* 3, DGRV, San José, 2003.

Excluindo-se o Brasil, existem atualmente cerca de 2.300 cooperativas de crédito na América Latina, atendendo a 6,4 milhões de pessoas, com depósitos totais de US$ 4 bilhões e carteira de crédito de US$ 3,6 bilhões[66]. Apesar desses números, as taxas de penetração das cooperativas de crédito, na maioria dos países da América Latina, ainda são baixas se comparadas às mesmas taxas de países norte-americanos e europeus.

Cooperativas de crédito no Brasil

As cooperativas de crédito foram trazidas ao Brasil por imigrantes alemães, suíços e italianos que tentaram reproduzir o modelo de instituição conhecido nas suas comunidades de origem. A primeira cooperativa de crédito brasileira foi criada, em 1902, pelo padre Theodor Amstad, na cidade de Nova Petrópolis, no Rio Grande do Sul. O formato dessa cooperativa – hoje conhecida como Sicredi Pioneira – era similar ao de uma cooperativa de crédito do modelo Raifeissen.

O crescimento das cooperativas de crédito brasileiras foi lento, principalmente devido à dificuldade de recrutamento de líderes e membros dedicados à causa. Destacou-se Amstad, que dedicou os cinco anos subseqüentes à criação e ao fortalecimento de outras três instituições do mesmo modelo. Em 1925, já existiam 15 cooperativas de crédito no Brasil, chamadas de "caixas rurais" ou "caixas populares Raifessen". Em 1927, foi instaurada a primeira central[67] dessas instituições em Porto Alegre, o que fomentou o crescimento da rede, pois a união de várias cooperativas aproximou-as de outras fontes de financiamento de poupança e crédito. Em 1951, foi fundado o Banco Nacional de Crédito

[66] WOCCU, Relatório Estatístico de 2002.

[67] As cooperativas centrais funcionam como cooperativas das cooperativas de crédito singulares.

Cooperativo S/A, entidade de economia mista que poderia receber depósitos e efetuar empréstimos para cooperativas de crédito[68].

A falta de supervisão adequada do setor contribuiu para a expansão desordenada das cooperativas de crédito nas décadas de 1940 e 1950. O número de casos de cooperativas fraudulentas ocasionou uma intervenção governamental em 1962, sendo proibida a criação de novas cooperativas de crédito. Quatro anos depois, o Estado interveio novamente. Dessa vez, as medidas mais drásticas foram a extinção das cooperativas centrais e das cooperativas do tipo Luzzatti, justamente por se tratarem de cooperativas abertas, em que o vínculo comum entre os associados não era uma exigência. Apenas cerca de 20 cooperativas resistiram a esse advento, apesar da pressão nos anos seguintes.

Na década de 1980, as cooperativas de crédito rural voltaram a se organizar no Sul do País e a expandir a sua atuação como resposta à redução dos programas governamentais de crédito rural subsidiado na época. Em 1980, o Governo revogou a proibição para constituição de cooperativas centrais, permitindo assim a associação entre as instituições. As cooperativas centrais se uniriam na década de 1990 para a formação dos bancos cooperativos brasileiros em seu formato atual, cuja regulamentação foi aprovada pelo Banco Central em 1995. Os atuais bancos cooperativos brasileiros são o Bansicredi, fundado em 1995 e atuante nos Estados do Rio Grande do Sul, Paraná, São Paulo, Mato Grosso e Mato Grosso do Sul; e o Bancoob, fundado em 1997 e atuante em praticamente todo o Território Nacional[69]. Esses

---

[68] O BNCC serviu de instrumento do Governo para outros fins, ao longo de sua trajetória, até ser declarado extinto pelo presidente Collor em março de 1990. Tal banco foi inserido como agente na política pública de crédito rural regulamentada em 1965, junto ao Banco Central, Banco do Brasil, Banco da Amazônia e Banco do Nordeste. Tal política é descrita no próximo capítulo. O BNCC também foi utilizado como recolhedor de multas ambientais em favor do Instituto Brasileiro de Desenvolvimento Florestal – IBDF –, a partir de 1979. Fontes: Banco Central do Brasil e Decretos-Lei 4.829/65, 84.017/79 e 99.226/90.

[69] Ambos fecharam o ano de 2002 com, respectivamente, R$ 470 milhões e R$ 432 milhões em operações de crédito. Fonte: Relatórios anuais das duas instituições, disponíveis em seus *websites*.

bancos são controlados pelas próprias cooperativas e a sua principal função é a de prestar serviços às cooperativas de crédito, pois elas não têm acesso à Câmara de Compensação de Cheques nem movimentam reservas bancárias ou transações interfinanceiras. Não há substituição de funções das cooperativas e sim complementaridade: a ligação direta com os associados é feita pelas cooperativas singulares, que passam a poder oferecer também outros produtos não permitidos em seu formato jurídico, como cartões de crédito, financiamentos do BNDES e serviços de cobrança bancária.

As 1.066 cooperativas de crédito brasileiras filiadas atualmente à Organização das Cooperativas Brasileiras dividem-se em três grupos principais: crédito mútuo (profissionais de mesma área ou empresa), crédito rural e Luzzatti (abertas, tendo restado apenas dez, após a proibição para abertura de novas na década de 1960)[70]. As mais de mil cooperativas somam 1,1 milhão de cooperados e uma carteira de crédito próxima a US$ 1,5 bilhão[71]. Para as dimensões brasileiras, esses números comprovam que a penetração do cooperativismo de crédito ainda é extremamente baixa no Brasil, reunindo apenas 1,5% da população ativa[72].

Comentários Finais

É interessante notar que os bancos comerciais e postais, durante a sua expansão na Irlanda, utilizaram pressões políticas e práticas comerciais com o intuito de prejudicarem os Fundos de Crédito Irlandeses. O rápido crescimento e a boa performance dos Fundos, assim

---

[70] Como parte das medidas visando promover o aumento do acesso da população pobre a serviços financeiros, o Governo Federal propôs, em junho de 2003, a autorização para a criação de novas cooperativas de crédito abertas.

[71] Fonte: Organização das Cooperativas Brasileiras, www.ocb.org.br. Os dados referem-se a dez/02.

[72] Cabral, Cléber. "Cooperativas: Engenhos do Futuro". Revista RUMOS, ABDE.

como dos principais movimentos cooperativos, suportaram a hipótese de que, nas regiões onde os sistemas financeiros eram pouco desenvolvidos, havia oportunidades lucrativas para a oferta de instituições de pequena escala direcionadas para a população de baixa renda. A experiência dos Fundos Irlandeses também demonstrou o papel decisivo do ambiente regulador, tanto na capacidade de estimular (isentando os empréstimos de taxação) como de inviabilizar (ao limitar as taxas de juros) tais oportunidades.

O foco nos microempreendedores ou na população de baixa renda não é necessariamente uma prioridade para as cooperativas. Deve ser ressaltado que a sua missão original é a prestação de serviços financeiros aos seus membros. Porém, microempreendedores ou indivíduos de baixa renda podem ser também cooperados, fazendo com que algumas cooperativas concorram, em alguma medida, com as instituições de microfinanças, pois passam a oferecer prestação de serviços ao mesmo nicho. Nesse sentido, a principal lição que a história das cooperativas de crédito deixa para as instituições de microfinanças é a possibilidade de prestar serviços financeiros a pessoas de baixa renda, inclusive de forma autofinanciada, graças à captação de poupança e ao desenvolvimento de múltiplos produtos que atendam às suas necessidades.

CAPÍTULO 3

PROGRAMAS DE CRÉDITO RURAL SUBSIDIADO

(...) no que diz respeito aos mercados financeiros rurais, as atenções têm mudado do anterior foco exclusivo no crédito, para o reconhecimento da crescente importância de diferentes tipos de serviços financeiros.

Claudio Gonzalez-Vega[73]

Introdução

Os programas de crédito rural subsidiado, dirigido a produtores rurais de baixa renda, iniciados na década de 1950, podem ser considerados as primeiras iniciativas que buscaram prover crédito, em grande escala, às populações de baixa renda. Este capítulo analisa tais programas sob uma perspectiva histórica, estando o texto ordenado de forma cronológica. Aqui se utiliza, como pano de fundo da análise, o contexto político e econômico ao longo do período de 1950 aos dias atuais. Defende-se que as mudanças políticas e ideológicas tiveram forte influência sobre a continuidade dos programas de crédito rural subsidiado e sobre a mudança de paradigma em relação às finanças rurais. Torna-se, portanto, relevante a sua apresentação e análise, mesmo que de forma breve.

---

[73] Gonzalez-Vega, C. *Deepening rural financial markets: macroeconomic, policy and political dimensions. Paving the Way Forward for Rural Finance, An International Conference on Best Practices.* Usaid, 2002

Este capítulo se estrutura da seguinte forma: (i) caracterizam-se os programas de crédito rural subsidiado; (ii) apresentam-se as críticas, de âmbito prático e conceitual, relacionadas a tais programas; (iii) discorre-se sobre a mudança de paradigma iniciada em meados da década de 1970, quando se propunha um novo modelo para as finanças rurais; (iv) caracterizam-se os programas de crédito rural no Brasil.

Caracterização dos programas de crédito rural subsidiado

O período em que os programas de crédito rural subsidiado se situam – pós-Segunda Guerra Mundial – caracterizava-se por uma doutrina econômica keynesiana, demandadora de uma presença mais forte dos governos. Questões relacionadas ao combate da onda comunista, do retorno às condições de pleno emprego e da modernização de economias abaladas pela grande guerra demandavam ações e presença mais forte do Estado[74]. Diversos governos nacionais criaram ministérios e instituições de planejamento econômico para executar as suas tarefas e para facilitar os seus processos de desenvolvimento.[75]

Os programas de crédito rural subsidiado representaram tentativas, por parte de governos nacionais e de instituições bilaterais e multilaterais, de realizar mudanças na economia rural. O crédito dirigido era, portanto, um mecanismo para implantação de políticas públicas.

Uma série de programas de crédito rural desenvolvidos pela *United States Agency for International Development* – Usaid –, no início da década de 1950 e expandidos na década de 1960, marca o

[74] Hobsbawn, E. *A era dos extremos*. Companhia das Letras. 2001.

[75] É nesse período que se cria, no Brasil, o Banco Nacional de Desenvolvimento Econômico – BNDE (atual BNDES) –, muito influenciado pelo pensamento da CEPAL (*Comisión Económica para América Latina y el Caribe* – ONU).

início da tentativa de massificação dessas iniciativas[76]. O Banco Mundial passa também a apoiar de forma massiva programas desse gênero na década de 1970.

Os programas de crédito rural subsidiado são implementados – seja com recursos de agências internacionais ou de governos nacionais – em uma série de países em desenvolvimento: Índia[77], Egito, África do Sul, Brasil[78], Bolívia, Nicarágua, Costa Rica e República Dominicana, dentre outros.[79]

A ação dos referidos atores se baseava na crença de que uma ação orientada para o lado da oferta no sentido de despejar nas áreas rurais significativo volume de recursos financeiros na forma de crédito ampliaria os níveis de produção desse setor. Nesse sentido, os objetivos centrais dos programas subsidiados eram: (i) ampliar o nível da atividade produtiva no campo; e (ii) ter um impacto positivo na distribuição de renda em áreas rurais. Dessa forma, o crédito barato e subsidiado seria o mecanismo adequado para atendimento de objetivos econômicos no âmbito nacional, gerando renda e reduzindo exclusão e pobreza.

No que diz respeito ao aumento da atividade produtiva, tais programas viriam a: compensar os agricultores por políticas de controle de inflação (controle de preços e câmbio); viabilizar a adoção de novas tecnologias por parte dos produtores rurais, o que alavancaria a produção agrícola; combater os mecanismos informais existentes, vistos, em geral, de forma negativa pelos elaboradores de políticas, tidos como depredativos e antidesenvolvimentistas.

---

[76] Esse tipo de iniciativa de crédito rural dirigido teve o seu ápice na década de 1960, quando se intensificaram os debates em torno: (i) da possível crise de abastecimento de alimentos; e (ii) da necessidade de inclusão da massa crescente de pobres no setor rural.

[77] Baker, C.B. e Vinay K. Bhargava. *Financing small-farm development in India.* Rural Financial Markets in Developing Countries, EDI, 1983.

[78] O Brasil será objeto de análise ao final deste capítulo.

[79] Ver Donald, Gordon. *Credit for Small Farmers in Developing Countries.* 1973.

Com relação à transferência de renda aos pequenos produtores – assumia-se que, em geral, a maioria da população rural de baixa renda necessitava de mais capital do que poderia acumular –, o crédito subsidiado seria um elemento fundamental para o desenvolvimento da agricultura de pequeno porte. O desenvolvimento nessas áreas estaria limitado pelo fato de os pequenos produtores serem muito pobres, não possuírem o capital necessário para investimento e terem de pagar taxas exorbitantes no contexto dos mecanismos informais.

Os programas de crédito rural subsidiados, apesar das singularidades e diferenças identificadas nos diversos países onde foram implementados, apresentavam, em geral, uma formatação relativamente uniforme e padronizada. Utilizavam instituições especializadas em crédito rural, criadas fundamentalmente para distribuir os recursos estatais, multilaterais e bilaterais, no sentido de preencher a ausência de fontes de financiamento nas áreas rurais. As operações de crédito decorrentes eram altamente regulamentadas, em geral com controles sobre as taxas de juros praticadas.

Esses programas, deficitários por concepção, teriam a sua continuidade garantida a partir do continuado apoio das agências multilaterais e bilaterais, além das parcelas do orçamento público nacional (quando disponível), dado que se acreditava ser uma atividade e programas estratégicos. Em alguns países em desenvolvimento, notadamente com economias mais robustas (Brasil, Índia, México), tais programas tinham uma participação muito mais significativa dos governos nacionais do que das referidas agências.

Críticas aos Programas

Na medida em que os programas de crédito rural subsidiado foram sendo implementados, uma série de críticas – notadamente a partir de início da década de 1970 – foi sendo apresentada, tanto em relação aos resultados práticos dos programas quanto em relação às suas premissas e bases conceituais.

No campo prático, uma série de argumentações questionava os resultados obtidos por tais programas. Apesar das inúmeras tentativas de ampliar a oferta de crédito a populações rurais de baixa renda e a pequenos produtores nos países em desenvolvimento, mesmo contando com a alocação massiva de recursos públicos, a maioria da população rural permaneceu e permanece desassistida, não tendo acesso a crédito e, de forma mais ampla, a serviços financeiros formais. De forma geral, em média, de 10 a 15% das populações rurais de países em desenvolvimento jamais haviam obtido acesso a crédito formal em meados dos anos de 1970. Apesar da alocação massiva de recursos via os programas de crédito rural subsidiados, essa proporção não se modificou de forma significativa ao longo das últimas décadas.[80]

Os programas subsidiados também estariam frustrando um de seus objetivos fundamentais: a distribuição de renda. Tais programas estariam, na verdade, concentrando renda e agravando as disparidades típicas das regiões rurais, na medida em que os recursos subsidiados não chegavam a quem se buscava atingir – os pequenos produtores rurais sem acesso a serviços financeiros formais – privilegiando médios e grandes produtores rurais. Essa distorção se dava por diferentes motivos: ingerência política, tráfico de influência, corrupção e por práticas bancárias que buscavam tomadores de menor risco.

Em geral, os programas enfrentaram dificuldades tanto em expandir as suas operações e atender à parcela da população rural de mais baixa renda quanto em atingir a viabilidade financeira e institucional. Grande parte dessas instituições apresentava níveis de inadimplência e perdas muito elevados. Dentre as resultantes do insucesso dos numerosos programas de crédito rural subsidiado, em geral caracterizados por elevadas taxas de inadimplência, estava a quase destruição da única e já fraca infra-estrutura organizacional de prestação de serviços financeiros às populações de pequenos produtores rurais.

---

[80] Conforme citado em Gonzalez-Vega, C. *Deepening rural financial markets: macroeconomic, policy and political dimensions. Paving the Way Forward for Rural Finance, An International Conference on Best Practices.* Usaid, 2002.

Com relação às premissas e a outras características do modelo pós-Segunda Guerra Mundial, questionava-se se os programas tradicionais assumiam que os créditos liberados seriam utilizados para fins de produção. O que se confirmou foi a fungibilidade do dinheiro: uma vez efetuado o desembolso, o recurso poderia ser utilizado para quaisquer objetivos, notadamente, quando se tratasse de inúmeras pequenas operações. Outra premissa estava ligada à crença de que os pequenos produtores rurais viviam endividados, na utilização de mecanismos informais de crédito, e que não possuíam capacidade de poupar. Porém, existiam evidências de que a liquidez desses pequenos produtores era maior do que se acreditava e que eles possuíam capacidade de poupança.[81]

Verifica-se que, apesar de os programas subsidiados estarem oferecendo taxas de juros mais baixas do que as praticadas por outros provedores de crédito, os pequenos produtores acabam optando por mecanismos informais, muito em função dos elevados custos de transação dos programas subsidiados. Além disso, pode-se afirmar que, em geral, o crédito subsidiado tem resultado num grau mais elevado de discriminação em relação ao pobre, em função da interferência política; do favorecimento de pessoas mais influentes; da corrupção; do favorecimento e do desvio de recursos; e da concentração dos recursos nas mãos de poucos e influentes produtores. Isso resulta no afastamento da iniciativa privada e no conseqüente aumento do grau de exclusão das famílias pobres, limitando o acesso a outros e importantes serviços financeiros. Outros aspectos importantes se relacionam à inadequação dos produtos oferecidos em relação às reais necessidades das populações-alvo e aos elevados custos de transação, apesar das taxas de juros reduzidas.

Em geral, os programas de crédito rural subsidiados partiam da premissa de que a atividade econômica poderia ser potencializada e

[81] Gonzalez-Vega, C. Deepening rural financial markets: Macroeconomic, policy and political dimensions. Paving the Way Forward for Rural Finance, An International Conference on Best Practices. Usaid, 2002.

até mesmo criada desde o fornecimento de crédito, mesmo que não houvesse uma demanda fortemente caracterizada. Essa abordagem passou a ser criticada a partir do argumento de que, mesmo que o acesso ao dinheiro pudesse favorecer a expansão das atividades econômicas de determinado grupo, a entrega de "dinheiro fácil" não criaria o compromisso e o estímulo para a aplicação eficaz na atividade produtiva, não existindo, em geral, o compromisso com o pagamento do empréstimo. Esse argumento se apoiava no fato de que muitos dos tradicionais programas de crédito rural subsidiado apresentavam elevados índices de perdas e de descapitalização[82]. Passou a ser defendido que a oferta de crédito não criava a oportunidade econômica, simplesmente – e articulada com outras iniciativas complementares – favorecia o aproveitamento de oportunidades existentes.

Os relatos sobre as experiências com programas de crédito rural subsidiado no oeste e sul da África foram relevantes. A maioria desses programas foi encerrada ou recapitalizada por provedores externos de recursos. A situação de insolvência era comum em meados da década de 1980. Características comuns a tais programas eram as altas taxas de inadimplência e o elevado grau de concentração dos recursos nas mãos das elites políticas regionais, em detrimento do público-alvo pretendido. Como exemplos, podem-se citar Nigéria, Costa do Marfim, Senegal, Gana e Moçambique.[83]

ADBN – *Agricultural Development Bank of Nepal*

Na década de 1970, o ADBN desenvolveu o seu programa de crédito rural subsidiado, dirigido a populações de baixa renda. Esse programa apresentou, até meados da década de 1980, uma taxa de pagamento entre 39% e 54%; taxas de poupança [referia-se à taxa

[82] Gonzalez-Veja, Cláudio e Douglas H. Graham. "*State-owned agricultural developement banks: Lessons and opportunities for microfinance.* Economics and Sociology Occasional Paper No. 2245. 1995.

[83] Gonzalez-Veja, Cláudio e Douglas H. Graham. 1995.

paga pela poupança, ou à taxa de mobilização? Não fica claro quando se lê o que diz embaixo] menores que 1%; e elevados custos de transação. O crescimento da carteira de crédito se mostrou restrito ao longo desse período.

No ambiente político mais liberal dos anos 1990, o ADBN buscou responder de forma mais positiva às necessidades de seu público-alvo. Nesse sentido, o Banco passou a formar, de maneira descentralizada, grupos autônomos, classificados como *Small Farmers Cooperatives*, que mobilizavam poupança e cobriam seus próprios custos. Os resultados obtidos foram positivos: a taxa de pagamento era de quase 100% e a mobilização de poupança se acelerou dramaticamente.

Fonte: Seibel (2001)

Mudança de Paradigma

Para que se entenda o que de fato viria a ser a mudança de paradigma em relação aos tradicionais programas de crédito rural subsidiado, é fundamental apresentar o novo contexto político e econômico característico da década de 1970.

O início da década de 1970 se caracterizou por um intenso processo de mudanças e turbulências. Parafraseando Hobsbawn, "uma era chegava ao fim. As décadas, a partir de 1973, seriam de novo uma era de crise".[84] Dois elementos desse quadro de turbulência têm particular influência: (i) o colapso do sistema financeiro internacional e (ii) a crise do petróleo em 1973. Nesse novo cenário, voltaram a ganhar força os conceitos econômicos liberais. De acordo com a nova abordagem liberal, o Estado desempenharia um novo papel, ainda que importante, na promoção e regulação do mercado financeiro. Colocava-se em cheque, portanto, a necessidade de controle e de intervenção direta. Propunha-se, como papel do Estado, a constru-

[84] Hobsbawn. E. *A era dos extremos*. Companhia das Letras. 2001.

ção da infra-estrutura física e institucional que favoreceria o desenvolvimento dos mercados financeiros, inclusive o rural.

Tais mudanças na ambiência política e no ideário econômico predominante implicaram mudanças profundas nos tradicionais programas de crédito rural subsidiado. Além das críticas relacionadas aos resultados práticos dos programas de crédito rural subsidiado, críticas no campo conceitual também foram fortemente veiculadas e evidenciaram uma mudança mais profunda – uma mudança de paradigma.

Nova abordagem conceitual

No campo conceitual, buscava-se uma diferente perspectiva, versando sobre uma nova conceituação do Mercado Financeiro Rural. O foco passa, portanto, do crédito para o sistema financeiro como um todo, sendo este último um *input* intermediário ao processo produtivo, não mais um insumo direto.[85] O crédito (dinheiro) deveria ser encarado como apenas um de um leque de serviços financeiros. A discussão se amplia, passando da ênfase quase exclusiva no crédito, para um novo paradigma que estende a discussão para a prestação de serviços financeiros de forma plena, incluindo poupança, transferências, pagamentos, câmbio, seguros, etc., enfim, mecanismos que possibilitem uma melhor gestão da liquidez e dos riscos da atividade econômica.

O novo enfoque passa a demandar a liberalização dos sistemas financeiros, tendo como elementos orientadores: praticar taxas de juros de mercado; ampliar a eficiência bancária; desenvolver marcos legais adequados. O processo de liberalização traria consigo enormes mudanças positivas, que possibilitariam uma ampliação do alcance dos mercados financeiros, em bases sustentáveis, dedicados a atender às populações de mais baixa renda, ampliando, inclusive, a gama de serviços financeiros, até então restritos ao crédito. A

[85] Ver Shaw, Edward S. *Financial deepening in economic development.* 1973.

liberalização eliminaria as restrições e distorções criadas pela excessiva participação estatal no sistema financeiro, ampliando a competitividade das instituições financeiras, que poderiam então expandir as suas operações em bases sustentáveis atendendo um número cada vez maior de pessoas, inclusive de pequenos produtores rurais.

No entanto, reconhecendo que os mercados não são de fato racionais e que apresentam falhas – o que faria com que segmentos como microfinanças e finanças rurais permanecessem enfraquecidos, dado o desinteresse dos atores financeiros privados –, buscou-se implementar programas que estimulassem o mercado a buscar tais segmentos, a princípio de menos interesse. A estratégia adotada buscava criar incentivos – em forma de recursos não-reembolsáveis e subsidiados, e da prestação de assistência técnica – para que instituições de diversas tipologias passassem a focar nesses segmentos.

O subsídio não era mais direcionado ao tomador final mas às instituições intermediadoras, com o objetivo de viabilizar o início da sua operação, com a visão de futuro de um mercado formado por instituições sustentáveis e competitivas, eliminando a necessidade de subsídio no médio prazo. A formação da capacidade institucional era vista como elemento crítico para garantir o atendimento aos segmentos excluídos, numa perspectiva de mais longo prazo e numa base permanente. A sustentabilidade – recuperação dos custos da prestação dos serviços – era vista como a única forma viável de prestar serviços financeiros a segmentos excluídos numa perspectiva de longo prazo, especialmente em países pobres onde a disponibilidade de recursos para perpetuação dos programas subsidiados é restrita.

Extinção dos Programas de Crédito Rural Subsidiado

Os programas de crédito rural subsidiados foram reduzindo o tamanho das suas carteiras, fundamentalmente, na medida em que diminuiu a oferta de recursos, tanto no cenário doméstico quanto externo, para crédito rural, uma vez que (i) instituições multilaterais e bilaterais reduziam a alocação de seus recursos para essa finalidade; e (ii) Governos reduziam as transferências fiscais para o mesmo propósito. Outro motivo importante dizia respeito à descapitalização dessas carteiras (inerente à operação subsidiada) e às significativas perdas experimentadas por esses programas.

Com respeito especificamente aos bancos estatais de desenvolvimento agrícola, de forma geral, perderam a sua importância e significância nos sistemas financeiros dos seus respectivos países. Alguns deles foram privatizados (Gâmbia), outros decretaram falência (Costa Rica), outros ainda foram reestruturados (República Dominicana e Nicarágua) e outros mais simplesmente se extinguiram (Bolívia).[86]

A contração final desses programas na maioria dos países em desenvolvimento coincide com os processos de reforma e de liberalização dos mercados financeiros desses países, politicamente apoiados e demandados pelas instituições multilaterais e bilaterais.[87] Notadamente, a partir da década de 1980, as agências multilaterais e bilaterais, de forma geral, retiram o apoio aos programas de crédito rural subsidiado. Um dado relevante é que, mesmo com a descontinuidade na oferta de linhas de crédito subsidiadas, a produção agrícola não apresenta redução mensurável, indicando baixa correlação entre desembolsos dos programas tradicionais de crédito subsidiado e nível de produção agrícola (para a América Latina).[88]

A mudança na estratégia das agências multilaterais e bilaterais pode ser exemplificada pela evolução das operações do Banco Interamericano de Desenvolvimento – BID – para os programas de crédito rural. O BID iniciou seu apoio a programas diretos de crédito rural em 1961. Na década de 1980, o BID havia destinado 3,5 bilhões

---

[86] Gonzalez-Vega, C. and Douglas H. Graham. 1995.

[87] Gonzalez-Vega, C. *Deepening rural financial markets: macroeconomic, policy and political dimensions. Paving the Way Forward for Rural Finance, An International Conference on Best Practices.* Usaid 2002.

[88] Von Pischke, J.D. *The evolution of institutional issues in rural finance. Paving the Way Forward for Rural Finance, An International Conference on Best Practices.* Usaid, 2002.

de dólares a tais programas. Já na década de 1990, esse valor foi reduzido para 61 milhões de dólares.[89]

Programas de Crédito Rural Subsidiado no Brasil

No Brasil, as estratégias e programas de financiamento ao setor agrícola também foram condicionados pelo contexto político e econômico de cada etapa do processo de desenvolvimento. Em geral, a modernização do setor agrícola nacional teve como principal fator contribuinte o crédito subsidiado, privilegiando, direta ou indiretamente, produtores de maior porte.

Após a Segunda Guerra Mundial, o primeiro marco relacionado à política brasileira de financiamento agrícola veio com a criação do Sistema Nacional de Crédito Rural (SNCR), em 1965. A criação do SNCR tinha como objetivo geral integrar o setor agrícola ao processo de desenvolvimento e modernização da economia nacional. O crédito será o principal instrumento responsável pelo aumento da produção e da produtividade do setor, na medida em que apoiará a compra de equipamentos, sementes, fertilizantes, etc. Os programas desenvolvidos no âmbito do SNCR facilitarão o acesso a crédito aos produtores rurais em bases altamente favoráveis: taxas de juros subsidiadas e prazos extensos. Tais programas serão operacionalizados por instituições financeiras federais, notadamente o Banco do Brasil, e por bancos comercias, através da aplicação compulsória de parcela dos depósitos à vista mobilizados por essas instituições. Caso os bancos comerciais não aplicassem a parte requerida de recursos no crédito rural, ela ficaria retida no Banco Central. Apesar dessa exigência, a participação desses bancos era pouco significativa, alegada pelo alto risco da operação, pela baixa rentabilidade do setor e pelos baixos limites impostos pelo Governo no que diz respeito à precificação da taxa de juros.

---

[89] Von Pischke, J.D. *The evolution of institutional issues in rural finance. Paving the Way Forward for Rural Finance, An International Conference on Best Practices.* Usaid 2002.

Naquele período, o Governo não apresentava preocupações com controle fiscal, estando mais focado num processo de desenvolvimento e de modernização da economia nacional, inclusive do setor agrícola. Portanto, a principal fonte de recursos dos programas de crédito rural subsidiado era o Tesouro Nacional.

Esses programas de crédito subsidiados apresentaram um elevado grau de concentração em regiões geográficas, notadamente as do Sul e Sudeste, e segmentos de produtores rurais específicos. O número de produtores beneficiados era pequeno e demonstrava a concentração dos créditos em operações destinadas a grandes produtores.

Notadamente, a partir do início dos anos 80, sob o reflexo do processo inflacionário e da crise fiscal enfrentada pelo Governo, os programas de crédito subsidiados passaram a ser reduzidos, na medida em que representavam um gasto elevado para um Governo que lutava por uma política de estabilização de preços e de combate ao déficit público. O Governo brasileiro optou, então, por adotar uma política restritiva: restringir a expansão monetária, reduzir os investimentos e reduzir a oferta de crédito, inclusive para o setor agrícola. Tal política viria também como resposta às determinações do Fundo Monetário Internacional. Como reflexos imediatos sobre os programas de crédito rural subsidiados, destacamos: (i) redução do volume de recursos direcionados ao setor agrícola e (ii) diminuição progressiva dos níveis de subsídio dessas operações.

A década de 1990 marca uma redução do papel do Estado e um aumento da participação do mercado, como reflexo de um ideário econômico mais liberal. No que diz respeito ao setor agrícola, o que se observa é a implantação de um processo de liberalização deste, reduzindo o papel do Governo e, conseqüentemente, diminuindo ainda mais a participação do Tesouro Nacional no financiamento do setor.

Um importante marco para o segmento de crédito rural brasileiro, ocorrido em meados da década de 1990, foi a criação do Programa Nacional de Fortalecimento da Agricultura Familiar – Pronaf –, concebido de forma a criar as condições necessárias para o desenvolvimento sustentável da agricultura familiar. Com relação aos créditos concedidos pelo Pronaf ao longo dos últimos anos, percebeu-se uma concentração na região Sul, mesmo que com tendência declinante – de 84% em 1996 para 50% em 2000. Já a região Nordeste, concentradora do maior número de estabelecimentos familiares, detinha apenas 8% dos recursos do Pronaf (em 2000 esse valor havia se ampliado para 25%).[90]

Seguindo as mesmas tendências observadas em outros países, o Pronaf como programa de crédito subsidiado tem tido dificuldades em atingir um público alvo de baixa renda. Com relação ao público atendido, percebe-se uma forte concentração em produtores com níveis de renda mais altos (56%). Os produtores rurais de mais baixa renda detêm o menor percentual de recursos do programa (1%).[91] Algumas avaliações do Pronaf destacam que a concentração das operações de crédito acabam marginalizando os segmentos rurais de maior grau de pobreza. Pesquisas realizadas demonstram que os beneficiários do Pronaf apresentam, em geral, renda superior à média regional.

Considerações finais

Os programas de crédito rural subsidiado, característicos das décadas de 1950 a 1970, que tinham como perspectiva direcionar crédito em massa às populações rurais de baixa renda dos países em desenvolvimento, não obtiveram êxito em tal intento. A análise e as razões da frustração dos objetivos iniciais estabelecidos eram complexas e diversas. No entanto, pôde-se elencar alguns problemas comuns: a inadequação dos produtos oferecidos em relação às reais necessidades das populações-alvo; os elevados custos de transação, apesar das taxas de juros reduzidas; o elevado grau de manipulação política e corrupção, dentre outros. Como reflexo da conjunção desses problemas, estava a continuidade dos baixos níveis de acesso a serviços financeiros.

---

[90] Soares, Barbara Cobo. *Agricultura familiar no Brasil: propostas e avaliação do Programa Nacional de Fortalecimento da Agricultura Familiar (Pronaf).* Dissertação de Mestrado, Curso de Economia – Universidade Federal Fluminense. 2003.

[91] Ibidem.

Em função dos maus resultados apresentados pelos programas de crédito rural subsidiado, e também em função de mudanças no contexto político e econômico, estes, em sua maioria, foram encerrados e/ou reestruturados. Atualmente, prevaleceu uma nova conceituação do Mercado Financeiro Rural, classificando as finanças como processo de intermediação em vez de um insumo produtivo dirigido. A prestação de serviços financeiros a populações rurais de baixa renda ainda se apresentou como desafio a ser superado. No entanto, as lições aprendidas, em função dos erros cometidos no passado, não puderam ser negligenciadas.

CAPÍTULO 4

EVOLUÇÃO DAS MICROFINANÇAS NOS ANOS 70

Eu não sabia o que estava fazendo...
Certamente não tinha intenção de criar um banco.[92]
Muhammad Yunus

Introdução

Os anos de 1970 trouxeram uma nova onda de reflexões sobre alguns temas ainda não suficientemente explorados pelo pensamento econômico de então, como aqueles relacionados ao setor informal da economia. Instituições doadoras encorajaram os países em desenvolvimento a considerar os pequenos empreendimentos, formais e informais, como elementos importantes para um desenvolvimento econômico igualitário. Concretamente, foram realizados experimentos com o crédito, inovadores e arrojados, apresentando resultados promissores e desafiando as noções tradicionais sobre a capacidade de endividamento e pagamento das camadas de baixa renda.

Este capítulo pretende destacar algumas iniciativas de desenvolvimento e de pesquisa realizadas ao redor do mundo, na década de 70, as quais semeiam as idéias básicas para a "revolução das

92 Bornstein, David. *The Price of a Dream, New York*: 1996, Simon and Schuster.

microfinanças". O *Grameen Bank* (Bangladesh) será apresentado como instituição-símbolo deste movimento histórico, sendo apresentados o seu surgimento e desenvolvimento, bem como as suas contribuições metodológicas no atendimento ao seu público-alvo. Em seguida, o capítulo delineia o Projeto UNO no Brasil, projeto pioneiro que marca a primeira tentativa na América Latina de oferecer um produto de crédito simples, destinado ao capital de giro, formatado e gerenciado com olhos nas necessidades do microempreendedor, sendo este o dono de uma empresa informal.

Small is beautiful e o Relatório Kenya

Em meados do século XX, as discussões que mobilizavam economistas e acadêmicos giravam em torno da caracterização da Economia a partir da dicotomia "tradicional" *versus* "moderno." Pensava-se que os empreendimentos tradicionais de setores que aparentavam não ter futuro deveriam ser desativados, enquanto outros mais promissores deveriam se transformar em unidades produtivas da moderna economia.[93]

Em 1973, E. F. Schumacher publicou um importante livro chamado *Small is Beautiful*, que questionava os fundamentos da teoria econômica, ligados à crença predominante de que a "industrialização" realizada, a partir das grandes empresas, era a mais produtiva e agregava maiores benefícios sociais. Schumacher introduziu o conceito de desenvolvimento de tecnologias alternativas adequadas às necessidades das micro e pequenas empresas dos países em desenvolvimento. Esse conceito inspirou a criação de uma organização britânica não-lucrativa, o Grupo de Desenvolvimento de Tecnologias Intermediárias – ITDG –, o qual, utilizando o conhecimento tecnológico avançado, desenvolveu variações de produtos simples, tais como fornos e bombas d`água, adaptados às condições de vida e às atividades produtivas das comunidades tradicionais.

---

[93] Staley, Eugene; Morse, Richard. *Modern Small Industry for Developing Countries, New York*: 1965, McGrawHill.

Enquanto isto, a Organização Internacional do Trabalho (OIT), agência de desenvolvimento das Nações Unidas, estava investigando aspectos do subemprego nos países desenvolvidos. O termo "setor informal" foi cunhado pelo pesquisador Keith Hart nos anos 70, relacionado a uma variada gama de atividades econômicas, nas quais as camadas pobres estavam engajadas, geralmente sem reconhecimento legal. Em 1972, um conhecido relatório que resultou de uma missão de uma equipe da OIT ao Kenya enfatizou o importante papel exercido pelo setor informal na geração de emprego produtivo e de renda, além de destacar a significativa relação existente entre este e o setor formal da economia. O relatório recomendava a "adoção de um papel positivo a ser exercido pelos Governos na sua promoção (do setor informal), através de medidas tais como a interrupção das demolições de edificações do setor informal; a revisão dos procedimentos de comércio e licenças comerciais; e a intensificação da pesquisa técnica e o desenvolvimento de produtos adequados à produção ou ao uso do setor informal".[94]

Assim, nos anos 70, um novo paradigma começou a tomar forma: os empreendimentos do setor informal não eram mais percebidos como "resíduos" indesejáveis do setor formal da economia e, gradativamente, foi sendo reconhecida a sua contribuição para a redução do desemprego e para o crescimento econômico e social eqüitativo.

O surgimento do *Grameen Bank*

No início dos anos 70, o professor Muhammad Yunus, nascido em Bangladesh e tendo recentemente concluído seu curso de Doutorado nos Estados Unidos, organizou um comitê de professores e de alunos que tivessem interesse em estudar os problemas do desenvolvimento econômico rural. Yunus amargava a frustração de constatar as falhas das teorias econômicas do desenvolvimento e das políticas

[94] Conforme citado em Boomgard's WD, p.1045.

governamentais orientadas para melhorar as condições de vida das camadas pobres de Bangladesh.

Yunus, então, iniciou em Jobra, uma cidade próxima ao *campus* universitário, uma série de incursões à cidade, onde passava horas conversando com os moradores sobre as suas condições de vida. Em suas próprias palavras: "Eu decidi voltar a ser um estudante. O povo de Jobra seria o meu professor".[95] Primeiro, Yunus conseguiu organizar um esquema bem-sucedido de colheita coletiva junto aos agricultores locais. Porém, ele queria ir além desse grupo de agricultores, que, na economia local, representava um grupo relativamente menos pobre. Yunus queria ver se havia alguma forma de melhorar a capacidade de ganho dos membros mais pobres da comunidade – aqueles que não possuíam terra. Depois de alguns anos interagindo com os moradores de Jobra, Yunus constatou que os indivíduos que não possuíam qualquer tipo de ativo ficavam presos a um ciclo vicioso (ver, abaixo, *A história de Sufia*). Após longas horas de trabalhos diários, a maior parte dos ganhos desses indivíduos era destinada ao pagamento do comerciante de quem obtinham antecipadamente a matéria-prima como crédito, ou então, no caso dos puxadores de jinriquixá da cidade, do proprietário do veículo que alugavam. O restante era destinado à sobrevivência familiar e, na medida em que o tempo passava, eles não conseguiam melhorar a sua situação. Yunus, então, se perguntou se um pequeno empréstimo poderia ajudar essas pessoas a se libertarem desse ciclo.

A história de Sufia, produtora de bancos de bambu

Yunus: "Qual é o seu nome ?"

Sufia : "Sufia Begun."

Yunus: "Quantos anos você tem?"

[95] Yunus, Muhammad com Alan Jolis, *O Banqueiro dos Pobres*. São Paulo, Brasil: 1997, Editora Ática, p. 15.

Sufia : " Vinte e um."

Yunus: "O bambu é seu?"

Sufia : "Sim."

Yunus: "Como você o consegue?"

Sufia: "Eu compro."

Yunus: "Quanto custa?"

Sufia : "22 cents."

Yunus: "Você tem os 22 cents?"

Sufia : "Não, eu tomo emprestado dos comerciantes que vendem o bambu."

Yunus: "Dos comerciantes? Como você negocia com eles?"

Sufia: "Tenho de vender para eles meus bancos de bambu no final do dia, para devolver o dinheiro que eles me emprestaram. O que sobra é o meu lucro."

Yunus: "Por quanto você vende o banco?"

Sufia: "24 cents."

Yunus: "Então você tem um lucro de 2 cents."

Sufia balançou a cabeça, concordando.

Yunus: "Mas você não poderia conseguir o dinheiro emprestado em outro lugar e você mesma comprar o material?"

Sufia: "Poderia, mas eles me cobrariam um valor absurdo. As pessoas que vão até eles empobrecem ainda mais depressa".

Yunus: "Com quanto fica o agiota?"

Sufia: "Depende. Algumas vezes fica com 10% por semana. Tenho um vizinho que pagou 10% ao dia."

Yunus: "E é tudo que você ganha fazendo estes lindos bancos de bambu, 2 cents?"

Sufia: "Sim."

Fonte: Yunus, Muhammad, *O Banqueiro dos Pobres*, São Paulo, 1997, Editora Ática, p.18.

Em 1976, Yunus emprestou US$ 27 do seu próprio bolso a um grupo de moradores e recebeu o valor integral de volta. Essa experiência gerou um segundo empréstimo no valor total de US$ 300 e, novamente, o empréstimo foi pago. Yunus tentou atrair um banco local para o negócio, mas o representante do banco argumentou que (1) o valor de cada empréstimo era muito pequeno; (2) as pessoas pobres não podiam oferecer garantia; e (3) era improvável que eles pagassem o empréstimo.

Então, um representante da Fundação Ford, em Bangladesh, apresentou Yunus ao diretor administrativo do Banco *Brishi,* recentemente nacionalizado; Yunus conseguiu convencer o diretor a deixá-lo apresentar um programa piloto através da sua agência em Jobra. Utilizando a capacidade administrativa do banco para gerenciar a carteira de crédito e as contas de poupança, Yunus e seus estudantes foram a campo, testando e adaptando a metodologia de empréstimo.

O que hoje é designado como "processo de desenvolvimento de produtos" era, então, uma simples troca de idéias com clientes reais e clientes potenciais da instituição. Muitas das idéias, uma vez implementadas, ainda precisavam ser refinadas ou mudadas, resultando num processo contínuo de aprendizagem. Yunus reuniu alguns grupos de moradores e perguntou-lhes como os empréstimos poderiam ser administrados. Utilizando as sugestões dos participantes como ponto de partida, Yunus acrescentou a esta aspectos que ele considerava necessários ou benéficos para os tomadores do crédito. Por exemplo, foi a partir de um dos grupos de discussão que surgiu a decisão de formar grupos.

No projeto original, os grupos seriam ocupacionais – ou seja, grupos de puxadores de jinriquixás, leiteiros, comerciantes de *chili* (um tipo de pimenta-malagueta), dentre outros. Então, Yunus decidiu usar os grupos não apenas para facilitar a cobrança, mas também para servir como um substituto de garantia ao empréstimo. A idéia de agrupar tomadores de crédito por ramos de negócios foi posteriormente abandonada, uma vez que as pessoas mudavam de ocupação com muita freqüência; além disto, mostrou-se ser mais importante que os participantes do grupo tivessem laços pessoais – embora não se pudesse formar um grupo exclusivo de pessoas "que comiam na mesma panela".[96] Também foi sugerido que as prestações dos empréstimos fossem menores, e cobrados com mais freqüência. Na experiência, os pagamentos diários mostraram-se de gerenciamento difícil e o sistema de pagamentos semanais foi considerado mais adequado.

Após algumas tentativas, foi estabelecido que o tamanho ótimo do grupo era de cinco participantes, sendo que o total de seis grupos formaria uma central. Cada grupo elegia um presidente e um secretário, e cada central selecionava um chefe de central e um representante para a central principal. Com cada empréstimo, os tomadores pagavam dois fundos, um Fundo Coletivo e um Fundo de Emergência – também, uma idéia de Yunus. O primeiro era administrado pelos grupos e tinha por objetivo fornecer um *pool* de crédito barato de curto prazo, de forma que os participantes não tivessem que recorrer a agiotas ou a seu capital produtivo cada vez que encontrassem dificuldades. O Fundo de Emergência era composto por poupança compulsória, a qual, posteriormente, evoluiu para uma política de seguros de vida.

Contribuições Metodológicas do *Grameen*

Existem vários aspectos da metodologia do *Grameen* que têm sido utilizados, em parte ou integralmente, por instituições de microfinanças em todas partes do mundo. Os quatro elementos apresentados a seguir, juntamente com outros produtos que foram acrescentados ou enfatizados por instituições que surgiram depois, compõem as características fundamentais de um método propício à oferta de serviços financeiros a clientes de baixa renda:

- o uso de grupos pares como um mecanismo de seleção e de substituição da garantia;

[96] Bornstein (1996), op. cit.

- os valores e as condições dos empréstimos adaptados à sazonalidade e ao ritmo dos negócios;

- a visão de um banco proativo que vai até os seus clientes na busca de novos negócios – ou seja, evitar a imagem de um banco passivo; e

- a poupança e/ou seguros como parte importante do *mix* de serviços, oferecendo aos clientes proteção para os períodos de crises.

O programa de crédito do *Grameen* era voltado para as famílias que não possuíam terras, preferencialmente aquelas em que a mulher era o chefe de família. A visão do Yunus de um banco alternativo incluía um esforço adicional: ele e seus colegas visitavam domicílios pobres para explicar os objetivos do projeto. Esse trabalho se tornou mais fácil com o tempo; muitas mulheres que, a princípio, relutavam em tomar o empréstimo, mudavam de idéia ao verem seus vizinhos investindo os lucros do crédito, quitando e tomando outros créditos subseqüentes. Dessa forma, a crescente demanda pelos empréstimos do *Grameen* era incentivada pelos membros do seu corpo de funcionários – através do recrutamento de novos clientes e como parte do dinâmico processo de adaptação do produto. Diferentemente da maioria dos projetos de crédito direcionados existentes no mundo naquela época, a equipe aqui representava um papel fundamental na identificação de problemas, na proposição de soluções e no abandono de procedimentos ineficazes.

O programa foi crescendo lenta e solidamente. De 1976 a 1979, o número de clientes subiu de 10 para 2.200, sendo que, em 1979, os desembolsos totalizaram US$ 180.000 distribuídos entre 25 agências bancárias[97]. As taxas de pagamento também eram boas; embora recentemente o *Grameen Bank* tenha sido altamente criticado por sua “contabilidade criativa” com relação aos empréstimos em atraso – apenas considerando inadimplentes os empréstimos que ultrapas-

[97] www.*grameen*-info.org

sassem as suas datas de pagamento por mais de um ano[98]. Ironicamente, o maior problema do programa na época era o próprio banco. Dificuldades burocráticas e resistência ao atendimento de clientes de baixa renda causaram atrasos e intimidaram novos clientes.

Em 1981, Yunus foi até *Dhaka* na tentativa de convencer as autoridades da necessidade de abrir um banco que pudesse oferecer serviços a clientes de baixa renda. Foi ouvido com ceticismo, mas, com a ajuda do ministro das Finanças, continuou a defender a idéia em discussões com o Banco Central. O processo apresentava dificuldades, uma vez que era necessário alterar a regulamentação bancária no sentido de permitir que uma instituição realizasse empréstimos para pessoas de baixa renda, sem nenhum tipo de garantia, e que, além do mais, não podiam fornecer a documentação tradicional exigida pelos bancos. A questão da propriedade do banco também vinha sendo acaloradamente debatida. Yunus sugeriu que o Governo assumisse uma participação acionária de 40%. O governo insistiu em uma participação de 60%, embora, mais tarde, Yunus conseguisse obter a propriedade majoritária para os clientes do banco *Grameen*. Após extensivas negociações, o Banco Central de *Bangladesh* autorizou a criação do *Grameen Bank*, em 2 de outubro de 1983.

Os anos 80 testemunharam o crescimento exponencial do número de clientes do *Grameen Bank*: de pouco mais de mil para quase um milhão ao final da década. Ao longo desses anos, o *Grameen* começou a formar uma equipe de gerenciamento e uma cultura organizacional que iriam permitir que a instituição funcionasse, independentemente da personalidade carismática de Yunus. Durante a "fúria de expansão", a pressa por recrutar e treinar o quadro de pessoal, focando sempre a abertura de agências, resultou em uma fiscalização irregular, levando a problemas de fraude e de inadimplência. Entretanto, apesar desses problemas, o *Grameen Bank* era o mais eficiente operador de crédito em *Bangladesh*. Os bancos comerciais em áreas rurais tinham taxas de inadimplência acima de 70%.

98 Isso contrasta com a prática padrão de 30 dias ou até mesmo 1 dia, utilizada pelas instituições no mundo.

Além desses desafios operacionais, a expansão do *Grameen Bank* deu destaque a um importante elemento para as instituições de microfinanças que oferecem crédito: financiamento. Em 1983, Yunus conseguiu obter recursos de doadores da ordem de US$ 38 milhões, visando cumprir a meta de ter em operação 500 agências dentro de cinco anos. O maior volume de recursos foi canalizado para o *Grameen Bank* através do Banco de Bangladesh, na forma de um empréstimo de 20 anos, a juros de 2%, com um prazo de carência de dez anos. Ao final de 1988, Yunus havia alcançado a sua meta: 501 agências atendiam 490.363 membros individuais. O banco continuou a crescer em taxas exponenciais até 1995, quando o número de clientes alcançou a marca dos 2 milhões. Cabe notar que, em anos recentes, com o surgimento de outras instituições de microfinanças em *Bangladesh*, o crescimento da carteira de crédito do *Banco Grameen* tem diminuído bastante.[99]

Apesar de seu expressivo crescimento, no final dos anos 80 o *Grameen Bank* ainda dependia de subsídios para financiamento das suas operações.[100] Entre 1985 e 1996, o *Grameen* reduziu a sua dependência dos subsídios de 20 cents para 8 cents em cada $1. No entanto, "o banco ainda permaneceu distante da auto-suficiência operacional e da capacidade de continuar operando sem acesso a fontes de financiamento preferenciais."[101] A questão da dependência de subsídios é uma das que muitas instituições de microfinanças enfrentaram e debateram ao longo de todo o final do século XX. Alguns profissionais, tais como Yunus, argumentaram que os benefícios sociais das microfinanças justificavam um certo nível de subsídios.

Mais do que um operador financeiro, o *Grameen Bank* se considerava um programa de redução de pobreza, em que as finanças eram os meios e não o fim. Ao longo dos anos, as reuniões centrais do *Grameen Bank* evoluíram para a incorporação de saudações e de *slogans*. O objetivo tanto das saudações quanto dos *slogans* era o

[99] www.*grameen*-info.org

[100] Morduch (1998b), citado em Robinson (2001), p.95.

[101] Ibid. Robinson (2001) afirma que 1996 foi o último ano em que há informação financeira sobre o *Grameen Bank*. Em anos mais recentes, o banco tem enfrentado crises de inadimplência, afetando a sua performance financeira.

de encorajar as mulheres a serem menos tímidas e a pensar no bem-estar das suas famílias, de acordo com princípios sociais e outros (ver *As 16 decisões*, a seguir) que as ajudariam a sobreviver no contexto difícil da pobreza de *Bangladesh*. Desde 1980, o *Grameen* tem organizado *workshops* que abordam temas variados, tais como assistência à saúde, à nutrição, ao planejamento familiar, à assistência à criança e a oportunidades de negócios. O *Workshop* Nacional, reunião organizada anualmente com a participação de todos os chefes das centrais, produziu em 1982, e depois em 1984, um manifesto conhecido como "As 16 decisões", que teve de ser recitado, dado que a maioria das pessoas não sabia ler, a cada reunião da central.

As 16 decisões

1. Os quatro princípios do *Grameen Bank* – Disciplina, Unidade, Coragem e Trabalho Árduo – serão por nós seguidos e evoluídos em todos os passos de nossas vidas.
2. Traremos prosperidade para as nossas famílias.
3. Não viveremos em casas arruinadas. Consertaremos nossas casas e trabalharemos na construção de novas casas, o mais cedo possível.
4. Plantaremos vegetais ao longo de todo o ano. Comeremos bastante e o excedente será vendido.
5. Durante o período do plantio, plantaremos quantas sementes forem possíveis.
6. Planejaremos para manter nossas famílias pequenas. Devemos minimizar os gastos. Devemos cuidar da nossa saúde.
7. Educaremos nossos filhos e garantiremos que eles possam pagar a sua educação.
8. Devemos sempre manter nossas crianças e o meio ambiente limpos.
9. Devemos construir e usar privadas de fossa.
10. Devemos beber água canalizada; caso não esteja disponível, devemos fervê-la ou colocar alúmen.

11. Não receberemos nenhum dote no casamento de nossos filhos, nem daremos nenhum dote no casamento de nossas filhas. Devemos manter o centro livre da maldição do dote. Não praticaremos casamentos infantis.
12. Não imporemos injustiça a ninguém, nem permitiremos que alguém o faça.
13. Para os mais altos rendimentos, empreenderemos investimentos maiores de forma coletiva.
14. Devemos estar sempre prontos para ajudar uns aos outros. Se alguém estiver em dificuldades, devemos todos ajudá-lo.
15. Se tivermos conhecimento de qualquer ruptura da disciplina em um dos centros, devemos todos ir até lá e restaurar a disciplina.
16. Devemos introduzir exercícios físicos em todos os nossos centros. Devemos tomar parte em todas atividades sociais de forma coletiva.

Fonte: Bornstein (1996), p.97.

Para o *Grameen Bank*, os anos 90 marcaram o início de um agressivo processo de "expansão horizontal", quando Yunus e a sua equipe ampliaram seu campo de atividades. O Banco criou fundações e companhias subsidiárias incluindo (a) *Grameen* Telefones, que oferecia aos moradores o acesso a telefones celulares; (b) Fundação *Grameen*, voltada para piscicultura; (c) *Grameen* Educação, que oferecia crédito educacional para os filhos dos clientes; (d) *Grameen Check*, voltada para facilitar o acesso ao mercado para produtores de tecidos tradicionais; (e) *Grameen Shatti*, uma companhia de energia solar e (f) *Grameen* Cibernética, uma companhia que oferecia o acesso à Internet para a população pobre de *Bangladesh*.

Além dessas incursões através de novos ramos de negócios, organizações como *United States Agency for International Development* – Usaid –, Banco Mundial, Fundação Rockefeller e Fundação Mac Arthur doaram milhões de dólares para a criação do *Grameen Trust*, cuja missão era apoiar a disseminação e a implementação da experiência do *Grameen Bank* em escala mundial. Yunus e o *Grameen Bank* receberam um expressivo apoio financeiro internacional, e a sua história terminou por inspirar a criação de programas de microcrédito em todo o mundo.

Os problemas clássicos do "crescimento institucional" enfrentados pelo *Grameen* na década de 80 são os mesmos que se observaram em IMFs do mundo inteiro, em décadas mais recentes – especialmente aquelas que tinham as suas raízes em programas ou em instituições com motivações fundamentalmente sociais, em vez de financeiras. Nas décadas seguintes, recursos significativos de doadores internacionais foram canalizadas para o desenvolvimento de ferramentas metodológicas, elaboradas especificamente para ajudar as equipes de instituições não-financeiras e não-lucrativas a se adaptarem aos serviços de microcrédito, no sentido de desenvolver sistemas de gerenciamento de carteira, de contabilidade e operacionais. Nessa época, a disponibilidade de recursos oriundos de doações e a divulgação de informação sobre os programas pioneiros estimularem o surgimento de um grande número de instituições novas em todo o mundo.

Várias metodologias de concessão de crédito, incluindo a do *Grameen Bank*, foram gotejadas em um número limitado de "receitas" padronizadas que circulavam pelo mundo afora e, na maioria dos casos, as instituições que utilizavam essas receitas encontraram uma expressiva demanda. Porém, existem dois importantes elementos que não faziam parte do grupo de ferramentas metodológicas originais: o criativo processo de desenvolvimento de produtos iniciado por Yunus e a flexibilidade institucional que garantia a sua continuidade.

O Projeto UNO

Enquanto Yunus realizava experiências com empréstimos aos moradores de Jobra, um estudante patrocinado pela Aitec (agora conhecida como *Accion International*)[102] passou um ano em Recife,

[102] *Accion* é uma organização norte-americana sem fins lucrativos, especializada em microfinanças, com diversas instituições afiliadas operando na América Latina e África.

Pernambuco, escrevendo a sua tese de Doutorado, cujo tema abordava como o crédito deveria ser oferecido a microempreendedores de baixa renda para que eles desenvolvessem as suas atividades produtivas. As suas conclusões contribuíram para a elaboração do primeiro programa de microfinanças na América Latina: o Projeto UNO.

Entre 1972 e 1979, o projeto UNO operou de maneira limitada, atendendo a 200 microempreendedores por ano. O projeto-piloto foi desenvolvido em parceria com bancos privados e um único banco estatal, o Banco do Estado de Pernambuco – Bandepe –, sendo que os bancos não só relutavam quanto eram incapazes de operar de maneira eficiente uma grande quantidade de pequenos empréstimos. Parecido ao caso do *Grameen*, o pioneirismo desse programa contribuiu para o importante aprendizado institucional das necessidades da clientela-alvo, o que gerou um produto bem mais adequado do que aquele oferecido pelos bancos tradicionais. O projeto UNO realizava pesquisas, oferecia treinamento e desenvolveu um sistema proativo de conquistar clientes com estudantes contratados para promover o pacote de treinamento e crédito produtivo para microempresas localizadas nas comunidades de baixa renda. Os mesmos estudantes acompanhavam os empréstimos a cada etapa do ciclo: utilização, análise, aprovação (feito por um supervisor) e monitoramento.

Depois de 1979, o projeto apresentou uma expansão regional e funcional. O Banco Mundial, interessado nos resultados positivos do UNO-Recife, incluiu o projeto no Polonordeste, que era, na época, um programa de desenvolvimento rural integrado, localizado no interior de Pernambuco e em outros Estados do Nordeste. O ambicioso plano previa a abertura de seis escritórios adicionais do UNO no Estado de Pernambuco. Durante essa nova fase, os funcionários do UNO começaram a organizar cooperativas de produtores e a introduzir esquemas de compras coletivas, os quais apresentavam graus de sucesso variados. O novo enfoque nos serviços não-financeiros não só pode ter desviado a equipe do UNO dos objetivos de crescimento do programa de crédito, como também apresentou altos custos operacionais. Estes últimos serviram como justificativa para o encerramento do programa em 1987.

Pisces e o experimento tricicleiros

No final dos anos 70, a Usaid financiou um projeto de pesquisa – Programa para Investimentos no Setor de Empresas de Pequeno Capital (*Pisces*, em inglês) –, cujo objetivo era encontrar os modelos efetivos de desenvolvimento de microempresas. No curso da pesquisa, um funcionário da *Accion*, Jeff Ashe, encontrou, no campo, dois programas de crédito bastante inovadores:

◆ Fedecrédito. Uma cooperativa de crédito de El Salvador estava oferecendo empréstimos para pequenos grupos de clientes, usando garantias cruzadas. O programa era um dos poucos considerados por Ashe como tendo alcançado uma escala significativa, além de oferecer à sua equipe de campo incentivos financeiros relacionados com a recuperação do empréstimo.

◆ *The Money Shop*. Um banco comercial em Manila, Filipinas, possuía um sistema descentralizado de operações de crédito baseado em mercados, em que a equipe estudava a realidade local para selecionar clientes confiáveis. O enxuto quadro de pessoal, as premissas básicas e uma simples e efetiva análise de riscos confluíram para tornar a carteira de crédito bastante lucrativa.

Com base na sua percepção dos elementos de sucesso presentes nesses dois casos, Ashe apresentou a seus colegas da *Accion* e da *Pisces* uma nova proposta para uma metodologia de crédito destinado a microempreendedores. Steve Gross (*Accion*) concordou em testar o produto como projeto-piloto em um programa de desenvolvimento comunitário no qual vinha trabalhando na República Dominicana. O programa tinha como alvo um grupo solidário, composto de tricicleiros de Santo Domingo (homens que pedalavam grandes triciclos, veículos equipados com cestas de produtos para vender). De acordo com Ashe, o produto "decolou como um tiro". A experiência foi apenas um início, dado que a instituição local parceira não estava suficientemente equipada para continuar gerenciando o programa. Mesmo assim, o piloto durou o tempo suficiente para constatar que o modelo funcionava.

Fonte: Adaptado de Rhyne (2001), pp.61-63.

Comentários Finais

O *Grameen Bank* foi o primeiro projeto de desenvolvimento a oferecer serviços de microcrédito em maior escala. Alguns especialistas sugerem que o *Grameen Bank* inventou o microcrédito e, até hoje, o banco permanece como a mais famosa instituição de microfinanças do mundo. Certamente, o processo gradativo de tentativa e erro que culminou na criação da metodologia de concessão de crédito do grupo *Grameen* fez com que este último se afastasse radicalmente dos programas de crédito, até então oferecidos por grandes bancos estatais. O expressivo crescimento da carteira de crédito do *Grameen* nas décadas seguintes atraiu a atenção mundial. A história do *Grameen Bank* contribuiu para convencer os mais céticos de que os indivíduos pobres também poderiam usar o crédito de forma produtiva e, em condições adequadas, poderiam pagá-lo corretamente.

O projeto UNO deixou como legado algumas importantes lições. Primeiro, na América Latina, o projeto foi o pioneiro na introdução do conceito do "agente de crédito" proativo – aquele que penetra a comunidade do cliente para explicar o produto e, depois, acompanha o ciclo do empréstimo em todas as suas etapas. Em segundo lugar, o projeto identificou a importância relativa da agilidade e a insignificância relativa das taxas de juros da perspectiva do cliente.[103] O pacote de crédito acompanhado de treinamento seria oferecido por centenas de instituições de microfinanças da América Latina nas décadas seguintes (antes de ser abandonado por ser considerado ineficaz e caro). O programa de treinamento do UNO possuía um traço interessante: incluía educação financeira, com noções de como abrir uma conta bancária, fazer depósitos e preencher um cheque. Tal fato revelou um princípio a ser discutido numa próxima seção – a idéia de que os programas de microcrédito constituíam uma "etapa de treinamento" na qual os microempreendedores aprenderiam a ser bons clientes bancários.

---

[103] Entrevista realizada com administradores do programa Ceape-PE, instituição de microcrédito ainda existente, e para o qual migraram vários membros da equipe profissional do UNO.

As experiências pioneiras de microfinanças iniciadas na década de 70 incluíram, por um lado, instituições como o *Grameen,* que continuariam até hoje, e, por outro lado, uma série de projetos e programas que, embora terminados, deixaram lições importantes. As experiências dessa época demonstraram claramente que, a partir de um método inovador de oferta de crédito, é possível oferecer empréstimos a um grande número de clientes de baixa renda e que eles pagam por tal serviço. Entretanto, a experiência deixa sem respostas questões sobre a sustentabilidade institucional e as fontes de financiamento, e tem inspirado debates intensos sobre qual deve ser o objetivo principal das instituições de microfinanças. Esses temas serão discutidos nos capítulos seguintes, na medida em que novos exemplos vão sendo acrescentados às lições que a história tem a oferecer.

CAPÍTULO 5

EVOLUÇÃO DAS MICROFINANÇAS NOS ANOS 80

Os anos oitenta representaram um momento de transição na história das microfinanças(...) pela primeira vez ficou claro que elas poderiam oferecer ganhos lucrativos em grande escala.

Marguerite Robinson

Introdução

Os anos de 1970 abriram novas possibilidades para o desenvolvimento internacional: inicialmente, porque se tornou mais interessante apoiar os negócios informais do que combatê-los, e segundo, porque havia se demonstrado que os produtos do crédito poderiam ser adaptados às necessidades dos indivíduos de baixa renda que desenvolviam atividades produtivas.

Foi durante a década de 1980 que as microfinanças atingiram uma nova dimensão. Como, por exemplo, o *Bank Rakyat* Indonésia (BRI), que desenvolveu o primeiro sistema de operação para microfinanças em larga escala, sem contar com subsídio na captação de recursos.[104] As primeiras experiências da *Accion* com empréstimos para grupos solidários na República Dominicana foram aplicadas em vários países da América Latina e, então, as novas instituições de microfinanças vivenciaram um rápido cres-

[104] Ver Robinson (2001) para uma descrição detalhada da história e performance do BRI.

cimento. Este capítulo apresenta a trajetória de duas iniciativas (BRI, na Indonésia, e Ademi, na América Latina) como principais representantes das lições e inovações surgidas na década.

Bank Rakyat Indonésia (BRI)

Curiosamente, o programa de microfinanças do BRI, que possui hoje cerca de 2,4 milhões de clientes e 24 milhões de contas de poupança, surgiu dos vestígios de um fracassado programa de crédito subsidiado.

O BRI foi criado em 1950, quatro anos antes da independência da Indonésia. Naquele período, os bancos estatais esperavam financiar o processo de desenvolvimento do país. O BRI foi o resultado da fusão de dois bancos estatais que operavam em mercados rurais: um deles operava basicamente com clientes de classe média, e o outro funcionava como um canal de distribuição das linhas de crédito governamentais.

Em 1973, o Governo da Indonésia deu início a um intensivo programa de plantação de arroz com o objetivo de tornar o país autosuficiente nesse produto. O BRI criou um programa de crédito direto para os agricultores. Porém, apesar de o programa ter sido bem-sucedido, o componente de crédito não o era.[105] Freqüentemente, os empréstimos subsidiados não chegavam até os agricultores pobres, ao passo que o número de atrasos e de perdas era alto. Nesse período, o Governo exigia que os bancos emprestassem a juros de 12% e pagassem 15% sobre quase todos os depósitos, o que criava um incentivo negativo para que os bancos acumulassem poupanças.

Entendendo as taxas de juros

No início dos anos 80, TS, um fazendeiro da Indonésia que possuía uma pequena plantação de arroz, foi até a agência do BRI para pagar seu empréstimo subsidiado. Nessa época, o sistema da agên-

[105] Ver Robinson (2001).

cia emprestava a uma taxa anual nominal de juros de 12% e pagava 15% de juros sobre pequenas poupanças. Por acaso, a antropóloga financeira Marguerite Robinson (MSR) estava na agência, quando chegou o cliente TS, e, então, ela o entrevistou para saber sobre o seu empréstimo a e sua poupança.

MSR: Você também tem poupança nessa agência?

TS: Não, mas eu tenho uma conta poupança no banco do mercado (um banco secundário próximo).

MSR: Quanto o seu banco te paga de juros?

TS: 12% ao ano.

MSR: Mas o BRI paga a poupança a uma taxa de 15% ao ano. Já que você tem de vir até aqui para pagar o seu empréstimo, por que você não coloca a sua poupança aqui e consegue taxas de juros mais altas?

TS: Eu vi o cartaz que dizia que o BRI pagava 15%, mas o impressor cometeu um erro – o cartaz está errado.

MSR: Por que você acha que o impressor cometeu um erro?

TS: Temos um bom Governo com muitas pessoas inteligentes. Eles sabem o que estão fazendo. Você acha que um Governo sensato emprestaria dinheiro a 12% e pagaria 15% sobre a poupança? Isto poderia arruinar o país. Nosso governo jamais faria isto!

Fonte: Robinson (2001), p.106.

Uma ampla gama de reformas econômicas implementadas pelo Governo da Indonésia, em 1983, incluiu um pacote de desregulamentação que abolia o teto máximo para o crédito e permitia que os bancos pudessem estabelecer as suas próprias taxas de juros para os empréstimos e para os depósitos. Uma profunda reforma institucional no BRI incluiu a reestruturação do sistema *unit desa*, oferecendo poupança e pequenos empréstimos para usos produtivos. As mudanças tiveram início com a introdução da pesquisa de mercado e do treinamento do quadro de pessoal, seguida pela introdução de produtos simples e flexíveis. Foi introduzido um novo e descentralizado sistema de aprovação de crédito, juntamente com incentivos financeiros pela performance.

Havia uma alta demanda por novos créditos e produtos relacionados à poupança. Desde então, os produtos introduzidos em 1984 se expandiram, mantendo, porém, as suas características básicas. O empréstimo Kuepedes, por exemplo, disponível para fins produtivos e de consumo, tinham um prazo médio de 12 meses, pagos em parcelas mensais. Exigiam-se garantias (a maior parte dos clientes usava as suas terras como garantia). Os empréstimos produtivos podiam ser direcionados para capital de giro ou para investimentos. Os serviços de poupança, Simpedes e Simaskot, apresentavam taxas de juros relativamente baixas, mas permitiam um número ilimitado de retiradas, além de oferecer sorteios de loterias.[106]

Em 1986, quando o número de clientes ultrapassou um milhão, o BRI pôde registrar um pequeno lucro nas operações – sendo que, desde então, seus lucros têm crescido de forma consistente.

A tabela 1 mostra a história do crescimento do programa e a sua consistente performance financeira.

Tabela 1 – Indicadores de desempenho do programa BRI: 1984-1990

Indicador	1984	1985	1986	1987	1988	1989	1990
Empréstimos							
Número de créditos ativos (em milhões).	0,6	1,0	1,2	1,3	1,4	1,6	1,9
Valor dos créditos ativos (em US$ milhões).	103	204	204	260	313	471	727
Crédito ativo médio (em US$).	171,1	204	170	200	223,6	294,4	382,6
Poupança							
N° de contas de poupança (em milhões).	n.d.	n.d.	n.d.	4,2	5,0	6,3	7,3
Valor das contas de poupança (em US$ milhões).	39	75	107	174	285	534	892
Lucratividade							
Lucro ou prejuízo (em US$ milhões).	-23	-1	6	14	18	21	34
Retorno sobre ativo (%).	n.d.	n.d.	n.d.	n.d.	n.d.	3,0	2,7
% de agências lucrativas.	13,6	48,3	72,5	80,6	80,9	79,2	89,1

Fonte: Robinson, Marguerite. "*The Microfinance Revolution: Sustainable Finance for the Poor*", 2001, p.61.

[106] Robinson (2001), p.63

Os resultados alcançados pelo programa de microfinanças do BRI representaram um importante avanço na oferta de serviços financeiros à população pobre. Em primeiro lugar, seus resultados mostraram que esses serviços poderiam ser realizados de forma lucrativa sem a utilização de subsídios. Segundo, conseguiu-se atingir escala massiva. Por fim, a poupança mostrou ser, além de uma fonte excelente de financiamento, um importante elemento do *mix* de serviços solicitados por clientes de baixa renda das áreas rurais. Conforme foi mencionado no capítulo anterior, alguns profissionais, tais como Yunus, defendiam o argumento de que os benefícios sociais das microfinanças justificavam algum grau de subsídio. Por outro lado, se tais programas necessitavam de subsídios para funcionar, então seu crescimento e a sua escala estariam sempre atrelados à disponibilidade de recursos oriundos de doações, os quais, além de serem escassos, tinham usos alternativos, tais como a melhoria dos sistemas educacional e de saúde dos mesmos países. Na década de 80, o exemplo do BRI, dentre outros, provava que os programas de microfinanças podiam operar sem subsídios e que as captações de recursos poderiam ser feitas através dos depósitos ou de fontes comerciais. Aqueles que se aproximavam desse segundo grupo de instituições se identificavam com a "abordagem dos sistemas financeiros"[107] e destacavam dois aspectos:

- o objetivo de conseguir escala global só podia ser alcançado através de instituições sustentáveis, e

- as microfinanças só teriam impactos de longo prazo quando elas se tornassem integrantes do sistema financeiro formal.

Entretanto, vale destacar que o sistema de microfinanças do BRI representa apenas uma divisão dentro de um grande banco acometido de sérios problemas internos. Um estudo realizado em 1998 sobre as operações do BRI apresenta algumas conclusões bastante alarmantes:

---

107 Ver Otero and Rhyne (1994) e Robinson (2001).

> Os grandes lucros da divisão [de microfinanças] têm sido usados para oferecer subsídios-cruzados aos clientes de maior poder aquisitivo. Na realidade, mesmo que o sistema tenha um bom desempenho, o resto do banco continua operando com altas taxas de inadimplência. Esse aspecto é muito importante, uma vez que o grande volume dos subsídios-cruzados pode resultar em uma distribuição regressiva de renda; ano após ano os microempresários vêm subsidiando seus compatriotas mais afluentes. O sucesso do esquema de empréstimos rurais pode ter reduzido a pressão sobre o banco no sentido de conseguir um nível equivalente de auto-suficiência.[108]

Nos últimos anos, a questão dos subsídios-cruzados começou a chamar atenção, já tendo sido identificada por técnicos do Banco Mundial. Curiosamente, a estabilidade do sistema do BRI, durante a crise do Sudeste Asiático em 1997, convenceu os formuladores de políticas a olhar de novo para as operações de microfinanças do banco. A profunda crise econômica, financeira e política que teve início na Indonésia, em meados de 1997, acarretou uma drástica desvalorização cambial, inflação e recessão.[109] Entretanto, o sistema de microfinanças continuou apresentando uma boa performance durante o período. Não houve uma corrida aos depósitos bancários; na realidade, os depósitos em poupança em moeda corrente mais do que dobraram durante a crise. A carteira de empréstimos se manteve estável, com baixa inadimplência e um novo crescimento dos lucros, após uma queda em 1997-98.[110]

Em resposta à crise de 1997-1999, o Governo da Indonésia reuniu esforços para uma reestruturação mais profunda do banco. Fazia parte do seu plano de reestruturação a concentração em atividades

[108] Yaron, McDonald, e Charitonenko 1998, p.167, conforme citado em Robinson (2001).

[109] Ver Robinson, volume 2, para uma discussão detalhada da crise e seus efeitos no BRI.

[110] Robinson (2001) pp. 64-66.

relacionadas ao varejo e aos microempreendimentos[111]. Essa mudança iria permitir que o BRI pudesse rever os preços dos produtos oferecidos pelos *unit desa*, visando à futura expansão dos serviços para os clientes de pequeno porte e terminando com os subsídios-cruzados nos empréstimos.

Ademi – treinando microempreendedores para serem bons clientes de um banco?

Uma parcela significativa dos programas de microcrédito na América Latina tinha as suas raízes numa parceria com a *Accion International*, cujo principal produto nos anos 80 era o empréstimo a grupos solidários. O experimento dos tricicleiros mencionado no capítulo 4 foi um caso de "aprender fazendo" que mostrou que, embora a instituição local não estivesse preparada para trabalhar naquela escala, o produto estava sendo bem aceito.

Alguns anos mais tarde, a *Accion* teve outra chance de implementar um programa de microcrédito na República Dominicana. Em 1982, um homem de negócios daquele país, chamado Camilo Lluberes, fundou uma instituição com o objetivo de democratizar o acesso ao financiamento, dando ênfase às pequenas e microempresas, com o objetivo de reduzir os problemas do subemprego no país.

A *Accion* se uniu a Lluberes, trazendo Stephen Gross e Pedro Jimenez para a mesa de negociações. Gross era um padre jesuíta com experiência em desenvolvimento comunitário, e Pedro Jimenez, um homem de negócios da República Dominicana. Foi então fundada em 1982 a Ademi – *Associación para el Desarrollo de la Microempresa, Inc.*, com um capital inicial de US$ 318.000, dos quais US$ 218.000 eram oriundos de uma doação do gabinete do presidente da República Dominicana; US$ 50.000, de uma doação do próprio Lluberes; e US$ 50.000, de um empréstimo do Banco Popular, com a

[111] Ibid, p. 95.

fiança de Lluberes. A *Accion* contribuiu com o treinamento do quadro de pessoal e com a metodologia de crédito, e Pedro Jimenez tornou-se diretor executivo da nova instituição.

A Ademi fez o seu primeiro empréstimo em 1983, introduzindo a metodologia dos grupos solidários, desenvolvida durante a experiência com os tricicleiros, na década de 1970 e, posteriormente, introduzida na América Latina, na década de 1980. De acordo com esse método, grupos de três a cinco participantes agiriam como co-fiadores para os empréstimos. Se, na data do pagamento, um dos membros não tivesse o dinheiro, os outros seriam responsáveis por garantir o pagamento integral. Essa metodologia também inclui o conceito de empréstimos por "etapas", ou seja, inicialmente, os clientes recebem empréstimos de pequeno valor e, com o histórico de pagamentos em dia, eles podem se "graduar" para empréstimos de valores mais altos.

A metodologia de empréstimo para os grupos solidários da Ademi difere daquela utilizada pelo *Grameen Bank* em vários importantes aspectos:

a. os grupos são menores;

b. a organização dos grupos é mais simples;

c. o pagamento é normalmente feito por um líder designado pelo grupo, eliminando a necessidade de reuniões semanais ou mensais[112] e muitas das atividades de desenvolvimento social que acompanham as ditas reuniões.

Embora a Ademi tenha sido uma das primeiras IMFs a adotar os empréstimos para os grupos solidários, a instituição sofreu alguns problemas internos e, por duas vezes, decidiu suspender o produto de empréstimo a grupos. Em 1987, optou por trabalhar exclusivamente

---

[112] Essas são generalizações: através dos tempos, grupos solidários e outras modalidades de empréstimos em grupo (como, por exemplo, os bancos comunitários) proliferaram, e a cada vez novas instituições introduziram variações metodológicas.

com empréstimos individuais e interrompeu formalmente seu vínculo com a *Accion.*[113]

Por volta de 1988, a Ademi passou da marca de 1 milhão em número de clientes, além de alcançar a auto-suficiência. Tal como o *Grameen Bank*, a Ademi foi favorecida por significativas doações e subsídios na sua fase inicial, incluindo um empréstimo para capitalização do *Inter-American Development Bank's Small Project Program* no valor de US$ 500.000 (prazo de 40 anos e taxa a 1%). Após alcançar a auto-suficiência, a Ademi se aproximou das fontes comerciais de recursos e se tornou um banco.

Desde os seus primórdios, a Ademi foi gerenciada por uma cultura de negócios, expressa em seus quatro princípios: "eficiência, auto-suficiência, ampliação da clientela e eficácia". A carteira de empréstimos, entre os anos de 1983 e 1994, cresceu de US$ 145 mil para US$ 17 milhões, tendo o empréstimo médio aumentado de US$ 202 para US$ 1.775[114]. A evolução do valor médio dos empréstimos da Ademi ilustrou um importante desenvolvimento. A Ademi passou a incluir pequenos empreendimentos na sua carteira; além disso, os negócios dos antigos clientes estavam crescendo – e, conseqüentemente, solicitavam empréstimos maiores. Pedro Jimenez, diretor executivo da Ademi por longos anos, contou como ele achava que, uma vez que os seus clientes eram "treinados" pela Ademi a serem bons clientes bancários, eles poderiam ser clientes do Banco Popular, com o qual a Ademi tinha um acerto de desembolso e recolhimento de pagamentos. Entretanto, Jimenez percebeu duas coisas: o banco não estava interessado nesses clientes e não lhes oferecia um bom serviço; além disso, esses clientes estavam entre os mais lucrativos e de

[113] A Ademi, em seus anos iniciais, representou ainda um importante papel no "laboratório" da *Accion*, quando recebia a visita de futuros administradores de instituições de microfinanças da América Latina, tal como Pancho Otero da Prodem (instituição descrita no capítulo 6).

[114] Fonte: *Inter-American Development Bank* (1997). *Best Practices in Microfinance Development*, volume I.

baixo risco de toda a carteira da Ademi, devido à informação que a instituição tinha sobre seus históricos de pagamento. A Ademi, então, começou a adotar uma política chamada "crescimento com nossos clientes", embora alguns doadores que tinham interesse na função social do programa de microcrédito tenham ficado preocupados com que a Ademi pudesse abandonar a sua missão.

De fato, a Ademi foi a primeira instituição a inovar em muitos aspectos e, mais tarde, outras instituições de microfinanças latino-americanas seguiriam esse caminho. A Ademi foi também uma das primeiras instituições da região a se tornar um banco, oferecendo novos produtos, tais como financiamento habitacional e cartões de crédito.

Comentários Finais

Nos anos 80, então, vê-se uma continuação do processo de aprendizagem, iniciado nos anos 70, sobre as formas com que produtos de crédito podem ser estruturados para uso produtivo por parte de microempreendedores. Novos avanços também fornecem importantes lições sobre a escala e a sua relação com a sustentabilidade institucional, bem como sobre o papel da poupança.

CAPÍTULO 6

A EVOLUÇÃO DAS MICROFINANÇAS NOS ANOS 90

No final dos anos 90, as microfinanças comerciais não se limitavam mais a um pequeno grupo de instituições dispersas. Era uma indústria – uma indústria ainda inexperiente mas crescendo rapidamente.

Marguerite Robinson

Introdução

No final dos anos 90, o campo das microfinanças havia mudado substancialmente. O que anteriormente era considerado tema para ser tratado por bancos públicos e ONGs bem-intencionadas, mas nem sempre eficientes, tornou-se um universo habitado por reguladores, banqueiros e investidores especializados. Especialistas de *marketing* do mundo corporativo eram contratados para compartilhar seu conhecimento sobre o processo de desenvolvimento de produtos, e tecnologias avançadas, tais como *palm pilots,* passaram a ser usadas pelos agentes de crédito para processar e aprovar créditos no campo. As microfinanças, a menina-dos-olhos dos doadores internacionais ao fim dos anos 80, se tornaram quase um tema familiar nos anos 90.

Provavelmente, a instituição mais famosa de microfinanças na América Latina é o BancoSol, localizado na Bolívia, que abriu o caminho para que instituições sem fins lucrativos da região pudessem se tornar intermediárias financeiras regulamentadas. Conhecido por sua extraordinária performance financeira em meados dos anos 90, e líder de mercado em um país onde as microfinanças são extremamente desenvolvidas, a transformação do BancoSol marcou o início de uma tendência mundial que será discutida neste capítulo, denominada de "a comercialização das microfinanças." Isso se refere a uma tendência de as instituições de microfinanças não só se tornarem instituições regulamentadas com fins lucrativos, como também de encararem a atividade de forma comercial. A venda de serviços financeiros a microempreendedores de baixa renda, já reconhecida como viável financeiramente, começa a ser vista por um grupo importante de profissionais do setor como uma estratégia de mercado, que pode ser adotada por instituições financeiras interessadas em trabalhar em certos nichos ou com certos segmentos da população. Afirma-se que, apenas neste contexto, pode-se imaginar que os serviços microfinanceiros chegarão ao enorme número de pessoas que os demandam, atendidos seja por instituições especializadas em microfinanças, seja por bancos, seja por outras entidades que trabalham com diversos produtos e clientelas. Já no final da década de 1990 e no início do novo milênio, algumas instituições especializadas em microfinanças ampliaram a definição do público-alvo para um público simplesmente "de baixa renda", e muitas acrescentaram novos tipos de produtos financeiros. Por outro lado, o pacote tradicional de crédito acompanhado de capacitação desapareceu e, hoje em dia, poucas instituições de microfinanças oferecem serviços de desenvolvimento empresarial. Resultado positivo – desde o ponto de vista dos clientes –, nesse novo ambiente de mercado competitivo, as taxas de juros cobradas pelos empréstimos diminuem substancialmente.

A criação do BancoSol marcou claramente o início da época da regulamentação das microfinanças na América Latina. As operações do BancoSol eram fiscalizadas pela Superintendência dos Bancos Bolivianos que, por ter acompanhado de perto o processo da transformação, adquiriu entendimento da natureza dos serviços de microfinanças. Após a criação de um novo tipo de entidade financeira boliviana especializada em microfinanças – *Fondo Financiero Privado* ou FFP – , em 1994, viu-se uma série de iniciativas parecidas em outros países. Como exemplo, podem ser citados o EDPYME – *Entidade de Desarrollo a la Pequena y Microempresa no Peru*, a IFNB – *Institución Financiera o Bancaria* em El Salvador e a SCM – Sociedade de Crédito ao Microempreendedor no Brasil.

No Brasil, apesar da criação da nova figura regulamentada, o desenvolvimento da indústria foi lento. Primeiro, o crescimento das microfinanças foi limitado pela hiperinflação que persistiu até 1994. No final da década, o número de instituições oferecendo microcrédito disparou, mas, em geral, as suas carteiras ficaram pequenas, com um número limitado de instituições atendendo a mais de 2.000 clientes ativos. Até o ano 2000, apenas um programa – CrediAmigo do Banco do Nordeste – havia atingido uma escala significativa[115].

As origens do BancoSol: Prodem

No início dos anos 80, um empresário boliviano, Fernando Romero, interessado em melhorar a situação do seu país, procurou Jack Duncan, então presidente da *Accion International*, para discutir a experiência com microcrédito que esta última havia desenvolvido em países da América Latina. Após algum tempo, ambos concordaram que a Bolívia seria um excelente lugar para criar um programa semelhante, considerando-se o grande número de microempresas informais existentes no país. Naquela época, o sistema financeiro boliviano era muito pouco desenvolvido e havia, no país, alguns poucos bancos que somente atendiam às classes mais abastadas da população.

A *Accion*, então, enviou um consultor, Robert Peck Christen, para analisar o setor de microcrédito na Bolívia e identificar os principais obstáculos a seu crescimento. De acordo com os estudos do consultor, o acesso ao crédito era o principal obstáculo para as microempresas. Entretanto, a hiperinflação boliviana que ocorreu na década de 80 impediu que Romero e Duncan avançassem em seus

[115] Ver Nichter, *et al. Para uma discussão do crescimento da indústria de microfinanças no Brasil.* No contexto das microfinanças, o indicador mais utilizado para "tamanho" de uma carteira de microcrédito é o número de clientes ativos. Hoje o CrediAmigo ocupa o segundo lugar na América Latina, com cerca de 120.000 clientes, enquanto o programa Compartamos (no México) conta com 150.000 clientes ativos.

estudos e planos. É interessante notar que a crise inflacionária na Bolívia teve forte implicações para o sistema financeiro. Os bancos que sobreviveram possuíam carteiras extremamente contaminadas, tornando impensável a possibilidade de experimentação de prestar serviços para pobres. Algumas instituições financeiras "semiformais" existentes, como as cooperativas de crédito, estavam estagnadas naquele momento e não tinham como foco a expansão da sua clientela para as populações de baixa renda.[116]

No ano de 1984, Duncan convenceu Romero a reunir um grupo de amigos e colegas de trabalho para discutirem a proposta de um programa de microcrédito que a *Accion* havia elaborado. A exposição foi feita por Duncan e por Steve Gross, o funcionário da *Accion* que havia participado da experiência com os tricicleiros na República Dominicana (ver capítulo 4). Concluída a apresentação do programa, eles pediram que se apresentassem os voluntários que tivessem algum interesse em participar da diretoria da nova instituição. Com o intuito de assegurar um efetivo compromisso dos voluntários em participar da nova diretoria, a *Accion* solicitou que fizessem uma contribuição financeira.[117] A nova instituição, criada em 1986, tinha o nome de *Promoción y Desarrollo de la Microempresa* (Prodem), e a sua missão consistia em "apoiar e melhorar a qualidade de vida do setor de microempresas do país mediante a oferta de acesso ao crédito não- subsidiado para a produção, o comércio e os serviços".[118] Muitos atribuem o início da indústria de microfinanças na Bolívia à data do primeiro empréstimo realizado pelo Prodem em 1987, quando quatro grupos de mulheres de La Paz realizaram 20 operações de crédito.[119]

A Prodem possuía um grande número de fontes de apoio, que incluíam: alguns dos mais influentes empresários e políticos do país

[116] David Hulme e Paul Mosley, *Finance Against Poverty, Volume II*. Routledge, London, 1996. p. 3

[117] Rhyne (2001) p.63.

[118] Prudencio (1996), p.3.

[119] Ibid.

(incluindo o futuro presidente); um grupo de experientes ativistas fortemente motivados; a *Accion International* e a Usaid, que era a principal fonte de financiamento.[120] Nessa época, era raro um órgão com preocupações sociais ter um conselho diretor tão influente politicamente. A equipe da Prodem era liderada por Pancho Otero, um ativista social carismático, educado nos Estados Unidos, que tinha passado muitos anos operando projetos de crédito rural na Bolívia, com fundos rotativos subsidiados. Otero estava convencido de que os programas de microcrédito teriam que apresentar uma abordagem menos paternalista. Durante os primeiros anos da Prodem, Otero e os dois outros diretores, Mario Usnayo e Mônica Velasco, começaram a trabalhar diretamente no campo. como agentes de crédito. Essa abordagem pouco convencional contribuiu para que eles tivessem uma compreensão realista das necessidades dos clientes, além de atribuir legitimidade à liderança que assumiram com o crescimento da instituição.

Um caso de explosão de demanda: os primeiros seis meses da Prodem

Mário Usnayo, membro do primeiro quadro de pessoal formado na Prodem, lembra as primeiras tentativas de encontrar clientes:

> Íamos atrás das pessoas mais pobres do mercado. Elas não acreditavam na gente e não vinham. Então, fomos atrás de outros mais pobres. Após a promoção de atividades, esperamos, olhando através da janela, mas poucas pessoas vieram. Então, decidimos ir até uma associação. Escolhemos a *Associación de Comerciantes Rodrigues,* um grupo de vendedores de frutas e vegetais... Conseguimos convencer quatro grupos de cinco pessoas a nos acompanhar, e, então, fizemos o nosso primeiro empréstimo para as 20 pessoas. Esse foi o último trabalho promocional que tivemos que fazer. A partir daí, as informações de boca a boca traziam as pessoas até nós.

[120] Rhyne (2001), p. 62.

O produto foi um sucesso tão imediato que a Prodem cancelou a campanha publicitária planejada. Seis meses mais tarde, a instituição tinha 700 clientes, uma lista de espera de 260 e inadimplência zero.

No primeiro ano de funcionamento, 85% dos clientes eram mulheres vendedoras de frutas e vegetais. O número de vendedoras estava crescendo muito em La Paz, transformando-as no maior grupo do setor informal. Os benefícios do acesso ao crédito para esse grupo foram imediatos: a maioria delas comprava de atacadistas que traziam caminhões repletos de mercadorias de dois em dois dias. Os varejistas compravam a crédito, mas tinham de pagar na próxima vez em que o caminhão voltasse. A taxa de lucro, embutida nas transações com os atacadistas, era bem mais alta do que a taxa cobrada pela Prodem. Ou seja, esses clientes já tinham acesso a um crédito pouco vantajoso e refletia a desigualdade do mercado de varejistas e atacadistas de frutas. O primeiro efeito do crédito da Prodem foi ajudar os vendedores a negociar com os atacadistas em uma posição mais vantajosa, pela qual os clientes da Prodem, que podiam comprar grandes quantidades e pagar à vista, conseguiam melhores condições. Os vendedores de frutas e vegetais se tornaram a pedra fundamental do trabalho da Prodem, uma clientela sólida através da qual a Prodem poderia alcançar outros tipos de clientes.

Fonte: Adaptado de Rhyne (2001), pp. 67-8.

O crédito para grupos solidários foi bem aceito na Bolívia, e a garantia oferecida pelo grupo se adaptava bem aos valores culturais dos povos Aymara, que tinham forte tradição de honestidade e reciprocidade. Os clientes reconheceram no grupo solidário um mecanismo similar ao *pasanaku*, um tipo de associação informal de poupança e crédito comum na Bolívia. Os atributos do produto eram adaptados às necessidades dos negociantes informais e havia uma forte demanda, especialmente entre as mulheres vendedoras (ver, acima, *Um caso de explosão de demanda*.)

A partir de La Paz, a Prodem se expandiu para El Alto e Santa Cruz, sendo que a sua carteira de crédito, o número de clientes e de funcionários aumentaram substantivamente. Em torno de 1991, havia

116 funcionários em quatro escritórios centrais e 11 agências. A carteira da Prodem chegou a US$ 4 milhões, o número de clientes atendidos dobrava a cada ano[121], e a instituição mantinha um nível recorde de quitação dos empréstimos. Enquanto a maior parte dos programas de microcrédito afiliados à *Accion* mantinha taxas de inadimplência da ordem de 5%, as taxas da Prodem, calculadas do primeiro dia de atraso, ficavam abaixo de 1% durante os cinco primeiros anos de operação.

No final dos anos 80, a Prodem percebeu que, juntamente com o extraordinário crescimento da sua carteira de crédito, havia surgido um novo desafio: encontrar recursos. Os membros do Conselho Diretor e os doadores que haviam financiado o programa começaram a perceber que, para manter a taxa de expansão que desejavam, a instituição teria que buscar recursos no mercado financeiro. Como era uma ONG, havia pouca possibilidade de obter empréstimos bancários adicionais (além dos valores que o Conselho e os doadores podiam garantir), mobilizar recursos ou atrair investimentos líquidos.

A transformação

O processo de "transformação" no qual a Prodem deu origem ao BancoSol foi extremamente complexo, em parte porque foi a primeira experiência do tipo na região. Certamente, no mundo, foi a primeira transformação no contexto de uma supervisão bancária ativa, além disso realizada com a intenção de tornar a instituição independente de subsídios.[122] Para garantir que a iniciativa recebesse atenção prioritária sem que a Prodem se desviasse de seus desafios cotidianos, *Calmeadow*, um órgão doador

[121] Dados do número de clientes ativos não estavam disponíveis para o período, pois a Prodem registrava apenas o número acumulado, que era de 13.300 clientes atendidos até o final de 1988. Veja Otero *and* Rhyne (1994), p.230-231.

[122] A criação do *Banco Grameen* de fato aconteceu antes; no entanto, as transformações operacionais e legais foram menos complexas e não havia plano de tornar o banco comercialmente lucrativo.

canadense, que havia apoiado a instituição desde o início, fundou uma instituição à parte. Essa instituição, denominada Cobanco – *Comitê Promotor para el Banco de la Microempresa* –, existiu durante um período de dois anos para conduzir estudos de viabilidade, atrair investidores, gerenciar o processo de legalização e dirigir a transição operacional.

No início, o processo visava apenas a que a Prodem tivesse acesso a mais recursos, mantendo o fluxo de doações e de outros subsídios. Porém, como a Prodem e outras instituições de microfinanças bolivianas estavam tendo sucesso em cobrir os seus custos operacionais, os membros da equipe de transição começaram a acreditar que o novo banco poderia – e deveria – ser um negócio lucrativo. Martin Connell, da própria *Calmeadow*, e Richard Rosemberg, da Usaid, tentavam convencer os outros parceiros de que adotar um modelo que visasse ao lucro significaria a diferença entre "criar um mecanismo para atender 70.000 pessoas" e "provocar a competição", ou seja, criar uma indústria de microfinanças independente de doações, na qual investidores privados pudessem aplicar o seu dinheiro para empréstimos a microempresas. Apenas no segundo cenário, eles argumentavam, contemplava-se a possibilidade de oferecer acesso ao crédito aos milhões de microempresários de baixa renda no mundo.

A decisão era difícil e controversa. A taxa de juros teria de ser elevada para cobrir todos os custos das novas operações bancárias, num momento em que a taxa de juros cobrada pela Prodem já era considerada alta. Mas, a demanda enorme pelos serviços, a forte tendência de os clientes renovarem os créditos e a excelente taxa de pagamento tinham comprovado, pelo menos no caso da Prodem, que altas taxas de juros não eram um obstáculo à operação de um programa de microcrédito. Ao mesmo tempo, o exemplo dos vendedores de frutas e verduras tinha mostrado que os empréstimos da Prodem, mesmo com taxas de juros relativamente altas, permitiam que os clientes melhorassem a sua situação financeira e a sua posição no mercado.[123] Os membros do Conselho Diretor entendiam

[123] Estas são inferências qualitativas. Obviamente, os casos citados sobre os vendedores não são suficientes para comprovar um impacto positivo dos empréstimos da Prodem sobre as situações financeiras dos clientes. Esse tópico foi objeto de vários estudos e existe uma rica literatura sobre o tema complexo da avaliação de impacto das microfinanças.

que o acesso, e não o preço, era o fator determinante para fazer com que as microempresas buscassem o crédito. Portanto, o objetivo de busca de lucratividade do BancoSol era uma extensão natural de práticas e políticas que haviam sido bem-sucedidas.

Na realidade, embora estivesse decidida a adoção do modelo comercial, o grupo de participantes do Cobanco também visava a fins sociais. Muitos de seus membros decisores tinham interesse em investimentos que conciliassem o retorno do capital paralelamente à expansão das oportunidades para os empreendedores de baixa renda da Bolívia. Parte da motivação da Prodem vinha da possibilidade de oferecer uma gama mais variada de serviços para a sua clientela, inclusive poupança, financiamento imobiliário e educacional. Isso marca o momento em que o termo microcrédito começa a ser substituído pelo mais abrangente de "microfinanças."

Oficialmente, o BancoSol abriu as suas portas ao público em 10 de fevereiro de 1992, em La Paz, no bairro de São Pedro, o mesmo onde a Prodem havia iniciado as suas operações cinco anos antes. Para os clientes, a mudança foi comunicada de forma muito simples, quase como se fosse meramente uma mudança de nome. Durante anos, o BancoSol foi conhecido como "o Banco da Prodem."[124] A Tabela 2, a seguir, mostra a evolução da nova instituição durante a década de 1990. Os indicadores financeiros e de eficiência mostram resultados surpreendentes na época. A *Accion* e outros investidores temiam que a postura inovadora do novo banco não garantisse um empreendimento lucrativo. Contrariamente ao esperado, eles descobriram que a instituição iria continuar a manter a sua trajetória de crescimento, enquanto desenvolvia os sistemas formais e de controle exigidos pela superintendência dos bancos, além de melhorar seus níveis de eficiência e rentabilidade. Em meados dos anos 90, o BancoSol estava entre os mais lucrativos da Bolívia e, embora não fosse o maior em volume de ativos, era o maior em número de clientes.

[124] Entrevista com Pancho Otero, 24 de setembro de 2003.

Tabela 2 – Evolução do BancoSol, 1992-1999

Bancosol	1992	1993	1994	1995	1996	1997	1998	1999
Empréstimos vigentes (000)	27	49	61	63	72	76	82	73
Carteira total (US$milhões)	8,8	24,8	33,2	36,7	47,4	63,1	74,1	82,3
Empréstimo médio (US$)	326	506	544	583	658	830	904	1.127
Custos administrativos/carteira	22%	21%	21%	22%	20%	18%	17%	16%
Receita de juros/carteira	n/d	n/d	50%	33%	47%	33%	33%	29%
Retorno sobre patrimônio	-9%	4%	13%	9%	14%	24%	29%	9%
Empréstimos inadimplentes/ carteira	3,2%	2,9%	5,1%	3,1%	2,6%	21%	4,5%	7%

Fonte: Rhyne (2001), p. 124

Durante esse período, havia também outras instituições bolivianas numa trajetória de rápido crescimento. Com o objetivo de acomodar a nascente indústria de microfinanças no país, o Governo boliviano criou uma nova categoria de instituição financeira em 1994, o Fundo Financeiro Privado (FFP), com exigência de capital mínimo inferior ao exigido para os bancos comerciais. O marco regulatório estava baseado na experiência do Procrédito, inicialmente uma ONG e depois um Fundo Financeiro Privado denominado *Caja los Andes*. Após a criação desta última em 1996, seguiu-se a criação de outras FFPs, entre elas a FIE e a Prodem.

Foram selecionados os melhores empréstimos da Prodem para constituir a carteira inicial do BancoSol. Originalmente, o plano era de que a Prodem, como um dos donos do novo banco, ia continuar abrindo agências em outras regiões do país, formando carteiras de novos clientes para depois serem passados ao BancoSol. Logo depois da transformação, a Prodem recusou-se a continuar passando clientes para BancoSol e decidiu concentrar-se nas áreas rurais do país.

Atualmente, a Prodem também é uma instituição regulamentada e é considerada referência no campo das microfinanças rurais. Para atender a um público que incluía agricultores muito pobres, em áreas de densidade populacional baixa, a Prodem teve de inovar tanto nos produtos oferecidos quanto na tecnologia utilizada para reduzir os custos de transação. Um exemplo foi o oferecimento de um cartão automático aos seus clientes, que podiam utilizá-lo em caixas eletrônicos. Tais caixas se comunicavam em sons com os clientes, nas línguas aymara e quechua, as duas línguas indígenas na Bolívia, e também reconheciam impressões digitais, permitindo assim o acesso de pessoas analfabetas ou que não falassem espanhol.

O aumento do número de clientes do BancoSol alcançou seu ápice em 1998 com 80.000 clientes e, a partir de então, esse número tem decrescido (60.000 em 2000 e 43.000 em 2002).[125] Para o BancoSol, a dificuldade em manter seu ritmo de crescimento no final da década foi acompanhado de aumentos de inadimplência. A instituição *Caja los Andes* introduziu o empréstimo individual, modalidade que se mostrou mais atrativa do ponto de vista da maioria dos clientes no mercado. No final da década, além da concorrência de outras IMFs, surgiu um novo fenômeno no mercado de crédito boliviano: o empréstimo pessoal. Uma empresa chilena chamada Accesso, juntamente com vários bancos comerciais bolivianos, começou a oferecer essa nova modalidade de operação, configurando uma dramática entrada em um nicho de mercado ocupado até então exclusivamente por instituições especializadas em microfinanças. O crédito ao consumidor era direcionado a trabalhadores assalariados com pagamentos parcelados mensais. No entanto, considerando-se o alto número de trabalhadores bolivianos que não tinham vínculos empregatícios formais, as instituições financeiras mais agressivas decidiram oferecer crédito a trabalhadores do setor informal. O Accesso, por exemplo, usava a estratégia de perguntar a clientes potenciais se eles tinham empréstimos do BancoSol ou da *Caja los Andes*, uma vez que, confiando na análise de crédito destas instituições, poderia oferecer um crédito individual até duas vezes maior do que a quantia obtida em uma delas.[126] O Accesso

---

[125] Rhyne (2001), p.124; Drake e Rhyne (2002), p.128; dados de 2002: *www.accion.org*.

[126] Entrevistas com Mery Solares Valenzuela e Pedro Arriola, *Caja los Andes*, março de 2000.

e a maior parte das empresas que ofereciam crédito ao consumidor acabaram tendo graves problemas com a inadimplência e algumas quebraram. Porém, a sua participação no mercado boliviano deixou marcas – o superendividamento de expressivo grupo de clientes microempresários acarretou altas taxas de inadimplência e a estagnação das carteiras das instituições de microfinanças, além de uma série de manifestações configurando uma rebelião contra dívidas, acompanhada de publicidade negativa na qual as IMFs dificilmente se distinguiam de agiotas exploradores. Tais fatos desafiaram os defensores da comercialização de microfinanças, levantando questões acerca da distinção entre o crédito construtivo e o crédito destrutivo.

Por outro lado, a experiência boliviana com a comercialização das microfinanças parece ter deixado benefícios concretos para seus clientes. A competição entre instituições reduziu as taxas de juros, estimulou o surgimento de novos produtos e contribuiu para aprimorar a qualidade dos serviços. A entrada no mercado de novos atores comerciais agregou legitimidade às microfinanças como um nicho viável do mercado. Hoje, os empreendedores do setor informal boliviano sabem que têm disponível um leque de serviços financeiros[127], mudança dramática quando comparada com a situação há algumas décadas, quando eram tratados como intrusos em *lobbies* bancários.[128] Segundo comentários recentes de Eduardo Bazoberry, diretor executivo da Prodem-FFP, durante uma visita ao Rio de Janeiro: "Na Bolívia não se fala mais em microfinanças. Fala-se em bancos para a maioria".

---

[127] Justamente durante os anos recentes (1998-2003) de recessão e crise na economia boliviana, a demanda dos serviços de poupança tem crescido. Em média, a porcentagem do *funding* das instituições de microfinanças que vem da poupança subiu nos últimos cinco anos de aproximadamente 20% para 70%. Apresentação do Professor Claudio-Gonzalez-Vega, de *Ohio State University*, 30 de setembro de 2003.

[128] Ver Rhyne (2001) p.1.

O legado da transformação

No ano 2000, existiam 97 instituições de microfinanças especializadas e regulamentadas na América Latina[129]. Embora algumas fossem controladas por órgãos públicos[130] e outras tivessem origem verdadeiramente comercial, o início da maioria dessas instituições se assemelhava ao caso Prodem-BancoSol: uma ONG atingira por competência uma certa escala operacional e, então, transformou-se em uma nova instituição, com outra estrutura legal. A América Latina foi considerada a região líder tanto em termos da comercialização das microfinanças quanto da transformação institucional. Em países da Ásia e África, existiram instituições de microcrédito pioneiras – por exemplo, K-REP no Quênia – que também realizaram a transformação de ONG em instituição financeira regulamentada. No entanto, a tendência nessas áreas era diferente, talvez porque o modelo de crescimento não fora tão claramente concentrado em crédito a microempreendedores, como ocorreu na América Latina. Em certas regiões da África, por exemplo, existia uma forte tradição de mecanismos informais e comunitários, alguns dos quais foram se formalizando. Existe também um grande número de ONGs, porém poucas até agora se transformaram em instituições regulamentadas.

O número de bancos ativos nas microfinanças e o volume de capital privado e semiprivado na África são relativamente baixos. Na Ásia, alguns países como Indonésia e Tailândia apresentam uma tradição de atuação dos bancos estatais nas microfinanças, principalmente em poupança, sendo limitada a sua oferta de microcrédito (com exceção do BRI, descrito no capítulo anterior). As ONGs comunitárias espalhadas pela região, especialmente em Bangladesh, se concentram mais no crédito e poucas delas já se transformaram – ou pretendem transformar-se – em instituições financeiras.

---

[129] Jansson, Tor, "*Financing Microfinance*", *Inter-American Development Bank, Washington*, DC: 2002.

[130] Destacam-se, neste caso, as *Cajas Municipales* no Peru.

É importante reconhecer que o fator fundamental, na maior parte das transformações institucionais, foi a necessidade de acessar maiores e mais flexíveis fontes de captação. Essa questão do financiamento das operações pode ser vista como uma conseqüência natural do sucesso dos programas: o crescimento da demanda supera o crescimento da base de capital, gerada por lucros acumulados, e a disponibilidade de recursos dos doadores.

O grande legado da transformação, segundo o grupo de pessoas que criou o BancoSol, seria não só o surgimento de uma indústria competitiva de microfinanças do lado do varejo, como o acesso por parte dessas instituições a fontes comerciais e, portanto, massivas de *funding*. De fato, existe atualmente uma variedade de fundos especializados de investimento nas microfinanças, com algumas iniciativas de emissão de títulos e securitização de carteiras de microcrédito. No entanto, essas iniciativas ainda se concentram em um grupo de poucas instituições microfinanceiras e têm mobilizado montantes relativamente reduzidos de recursos, comparados aos mercados financeiros tradicionais. Ainda mais revelador é o fato de os investidores nas microfinanças tenderem a ser institucionais, de forma que ainda não há um mecanismo para a transferência de recursos de investidores individuais nos países industrializados aos clientes das instituições de microfinanças nos países em desenvolvimento.

De qualquer forma, é possível que o ritmo de crescimento das instituições de microfinanças já esteja diminuindo, pelo menos em alguns países. Em anos recentes, o mercado para microcrédito tem apresentado sinais de saturação em alguns países e regiões. Os dois casos mais conhecidos de países com mercados saturados são Bangladesh e Bolívia, por exemplo. Outras instituições têm ultrapassado o *Grameen* em termos de escala; hoje os dois milhões de clientes do *Grameen Bank* representam uma pequena parcela do total de sete milhões de tomadores de microcrédito no país. Na Bolívia, a taxa de penetração das microfinanças é estimada como superior a 100%. Certas áreas de Uganda e Paraguai também experimentam intensa competição entre múltiplas fontes de microcrédito, embora tradicionalmente concentradas próximas à capital, deixando áreas mais distantes sem atendimento.

Atualmente, em substituição à questão do financiamento das instituições, há um interesse crescente no desenvolvimento de produtos e na obtenção de competência em *marketing*. A expansão do leque de produtos pode construir laços de fidelidade na base de clientes, bem como ajudar a atingir novos segmentos e a aumentar o público alvo. Os exemplos bolivianos são claros: a *Caja los Andes* agora oferece empréstimos para trabalhadores assalariados, enquanto a Prodem concentra seu foco em mercados rurais.

Os bancos estão chegando – será?

As reformas liberais na América Latina, durante os anos 80, diminuíram as barreiras aos mercados financeiros da região, permitindo a entrada de vários bancos multinacionais[131]. Os bancos espanhóis *Santander* e *Bilbao Vizcaya* compraram ações em bancos privados ou em processo de privatização, inicialmente no Chile e Colômbia, estando atualmente presentes em todo o continente. Em outro movimento, embora muito mais tímido e nem sempre ligado ao varejo, bancos norte-americanos, como o *Citibank* e o *BankBoston*, aumentaram a sua atuação em países como o México e o Brasil – neste último caso, especialmente após o fim do processo hiperinflacionário.

Alguns bancos estrangeiros com áreas expressivas de crédito ao consumidor e operações de varejo lideraram a expansão desses

[131] Marulanda, Beatriz. "*Here Come the Commercial Banks*," in *Westley and Branch* (2000).

serviços em vários países latino-americanos[132], em alguns casos atingindo diretamente populações de baixa renda em operações de crédito e poupança. Outros bancos estrangeiros, posicionados no atendimento a faixas mais altas de renda, forçaram o movimento de bancos locais em direção às populações de renda mais baixa (*downscaling*), em que poderiam manter vantagens competitivas. Especialmente em países menores da região, onde os bancos locais têm escala pequena, cresceu o interesse na exploração de microcrédito. Certamente, o efeito-demonstração de instituições como o BancoSol e a *Caja los Andes* e a disponibilidade de fundos de doadores para a promoção de assistência técnica contribuíram para essa tendência.

Um dos programas pioneiros que trabalharam com recursos de doadores foi o Programa de Microcrédito Global no Paraguai (denominado "microglobal"), apoiado pelo BID (Banco Interamericano de Desenvolvimento). O programa recrutou bancos e financeiras paraguaios interessados em ofertar microcrédito. As instituições participantes receberam fundos, repassados através do Banco Central, bem como treinamento técnico e consultoria da *Internationale Projekt Consult* – IPC. A IPC havia prestado consultoria para a criação da *Caja los Andes* e para outras instituições de microfinanças de reconhecido sucesso na América Latina.

Dentro do programa paraguaio "microglobal", oito instituições construíram uma carteira combinada de 44.000 clientes de microcrédito[133]. As operações dessas instituições paraguaias, bem

[132] Cabe notar que, no Brasil, o surgimento da indústria de crédito ao consumidor foi liderado por instituições nacionais e, em geral, os bancos estrangeiros ainda não atingiram liderança em nenhum segmento do mercado. Mesmo assim, está-se vendo no Brasil, desde o final dos anos 90, um movimento consistente por parte dos bancos para os segmentos de renda mais baixa. O melhor exemplo dessa tendência será o Bradesco, com a abertura do Banco Postal (discutido no seguinte capítulo). De certa forma, o Brasil parece ter "pulado" a etapa do envolvimento dos doadores internacionais.

[133] Dados de dezembro, 2001. Berger, Yonas e Lloreda, "*The Second Story: Wholesale Microfinance in Latin America*", *Inter-American Development Bank: Washington*, DC, 2003.

como as da maioria de *downscaling*, foram estruturadas com as instituições construindo uma área de negócios para a oferta de microcrédito e de outros produtos para essa clientela específica. As razões para essa separação são várias, como a separação entre as culturas de microcrédito e bancária tradicional e os diferentes procedimentos operacionais envolvidos nas novas operações.

Os resultados em diferentes continentes demonstram que, embora um número significativo de bancos privados tenha realizado operações de microcrédito em anos recentes, poucos construíram carteiras de larga escala. Os bancos também tiveram dificuldades na mensuração da rentabilidade dessas carteiras, ainda que existam instituições que reportem o microcrédito como a área de negócios mais rentável.[134] Bancos comerciais privados realizaram esses movimentos seguindo várias motivações, desde a busca de melhor imagem até a expansão da base de clientes. Por outro lado, bancos públicos, especialmente aqueles cuja missão tradicionalmente está relacionada ao atendimento de grupos de baixa renda, também realizam operações de microfinanças, em alguns casos construindo uma substancial base de clientes. Essa nova geração de programas difere das iniciativas de crédito rural subsidiado descritas no capítulo 3, sendo mais influenciados pelos exemplos do BRI e BancoSol. As taxas de juros são estabelecidas visando à cobertura dos custos e empregando as técnicas de gerenciamento focadas em agilidade e conveniência. Entre os exemplos recentes de bancos públicos com amplos programas de microfinanças – além do BRI–, podem ser citados o *National Microfinance Bank* na Tanzânia, *AgBank* na Mongólia e o Banco do Nordeste no Brasil (ver, a seguir, *O programa CrediAmigo do Banco do Nordeste.*)

---

134 Quarenta e quatro bancos e instituições financeiras responderam a uma pesquisa conduzida pelo Grupo Global de Desenvolvimento de Microempresas do Usaid em 2001. Valenzuela, Liza, "*Getting the Recipe Right*" *in Drake and Rhyne* (2002).

O Programa CrediAmigo do Banco do Nordeste

Em dezembro de 1997, foi lançado um programa-piloto do CrediAmigo em cinco agências. Precedeu o programa-piloto à contratação de assistência técnica da *Accion Internacional*, que preparou o material didático, treinou os Agentes de Crédito e desenhou os serviços financeiros a serem oferecidos. Os responsáveis pelo programa no Banco do Nordeste – BNB – também realizaram visitas a instituições de microcrédito na Bolívia, Chile, Colômbia e Indonésia.

Após quatro meses de operação, a direção do BNB e do programa decidiu ampliá-lo para 50 agências. Esta expansão resultou em uma inadimplência de 18% da carteira ativa e perdas (carteira castigada) de US$ 2 milhões. O problema levou o BNB, Banco Mundial e *Accion* a repensarem a estratégia de crescimento e a criarem mecanismos de recuperação da qualidade da carteira. Com recursos a fundo perdido de US$ 900 mil do Banco Japonês de Cooperação Internacional[135], foram requalificados os gerentes operacionais e agentes de crédito, e algumas agências diminuíram ou cessaram de liberar financiamentos. Os agentes de crédito passaram a focar na recuperação dos créditos. Após seis meses, o programa voltou a operar nos padrões acordados com o Banco Mundial, que se dispôs a financiar uma nova expansão do CrediAmigo.

Na segunda fase, já com um empréstimo de U$ 50 milhões do Banco Mundial e uma contrapartida igual do BNB, o programa foi remodelado e as metas de desempenho, estabelecidas. O programa seria monitorado com o confronto entre as suas metas e resultados alcançados nos próximos cinco anos, de acordo com os seguintes parâmetros[136]:

- atendimento: no mínimo 120 mil clientes ativos adicionais aos 37 mil existentes em 1999;

[135] JBIC – *Japanese Bank for International Cooperation.*

[136] Fonte: Documento do Banco Mundial: *Report* No. 20330- BR.

- alcance: média dos créditos ativos inferior a 65% da renda *per capita* das regiões atendidas;
- amplitude: maior número possível de municipalidades atendidas;
- sustentabilidade financeira: retorno ajustado (sem subsídios) sobre os ativos superior a 3%;
- eficiência operacional: custos operacionais inferiores a 24% da média da carteira ativa líquida;
- independência institucional no final do programa.

Na sua fase atual, o programa disponibiliza créditos para a aquisição de ativos fixos e para capital de giro a grupos solidários e, sob certas condições, individuais. Oferece igualmente serviços de seguros e caderneta de poupança. A carteira de crédito do CrediAmigo teve um crescimento em valor superior a 300% nos últimos quatro anos, atingindo R$ 71 milhões em dezembro de 2002. O programa tem cerca de 119 mil clientes ativos, e a taxa de inadimplência relatada está em torno de 3%[137]. O valor médio dos empréstimos tem variado de R$ 439 a R$ 605.[138]

O debate no novo milênio

No início deste capítulo, bancos, entidades reguladoras e fundos especializados foram citados como novos atores nos mercados de microfinanças. Esses agentes forneceram legitimidade à visão das microfinanças como um negócio, bem como esperança naqueles que defendem a chamada 'abordagem do sistema financeiro', acreditando que a oferta de serviços financeiros aos pobres em larga escala, de forma permanente, somente ocorrerá seguindo modelos comerciais.

---

[137] Dados de dezembro de 2002.

[138] Dados obtidos do *site www.bnb.gov.br*

Mesmo assim a evolução na direção do sistema financeiro causou preocupação em alguns profissionais do campo do desenvolvimento. Por exemplo, surgiram temores de que a chamada comercialização das microfinanças levasse as instituições a concentrarem as suas atividades em segmentos relativamente mais abastados dentro de seu público alvo. A experiência boliviana de excessivo endividamento trouxe alertas sobre a tendência de assumir riscos excessivos que poderia caracterizar tanto os credores quanto as instituições em mercados competitivos de crédito para populações de baixa renda. Outra crítica apontou que, na realidade, o grau de sucesso da comercialização ainda era limitado. Por exemplo, embora as antigas ONGs transformadas em bancos na Bolívia e em outros países tivessem apresentado alta rentabilidade, o conjunto de investidores individuais e institucionais que controlavam essas instituições continuaram caracterizando-se pela presença de motivações sociais, não sendo típicos investidores em busca de lucros. Por último, existiam fragilidades institucionais inerentes a essas estruturas e dificuldades na obtenção de escala, especialmente em países maiores. A entrada em cena de bancos públicos e seu relativo sucesso na construção de uma larga base de clientes influenciaram a visão de que talvez a comercialização das microfinanças não se desse com a liderança completa de agentes privados com fins puramente lucrativos.

CAPÍTULO 7

AS MICROFINANÇAS NO NOVO MILÊNIO

A capacidade [das instituições de microfinanças] de emprestar para aqueles além da fronteira que não possuem garantias para oferecer, quando aqueles que atuam dentro dessa fronteira geram perdas emprestando para indivíduos mais prósperos, é um dos mais extraordinários resultados das políticas de desenvolvimento do nosso tempo.

Hulme and Mosely[139]

A história contada neste trabalho passa por muitos séculos e descreve as trajetórias de uma variedade de instituições formais e informais criadas para prestar serviços financeiros para os menos favorecidos das sociedades. Dois períodos da história são identificados: a "pré-história" das microfinanças inclui o surgimento das finanças formais e informais, o movimento cooperativista mundial e os programas de crédito rural subsidiado do período pós-Segunda Guerra Mundial. A história das microfinanças começa, na década de 1970, com a chamada "revolução das microfinanças", uma série de descobrimentos técnicos e de práticas voltadas para o oferecimento de serviços financeiros especificamente para populações de baixa renda. Não foi possível incluir a história de todas as instituições pioneiras

[139] David Hulme and Paul Mosley, Finance Against Poverty, Vol I. Routledge, London and New York, 1996.

que contribuíram para o avanço da revolução das microfinanças em torno do mundo. As três instituições caracterizadas – *Grameen,* BRI e Prodem/BancoSol – foram escolhidas porque simbolizavam as descobertas e os desenvolvimentos do seu período. Foram selecionados exemplos adicionais por forneceram *insight* para o contexto brasileiro.

Um contexto histórico mais amplo é útil no sentido de destacar as conquistas das instituições pioneiras surgidas nas décadas de 1970 e 1980 e a significância da transformação desse movimento com as suas origens no desenvolvimento internacional numa indústria dinâmica, nos anos 1990. Além disso, a perspectiva histórica fornece um marco que permite aos leitores perceberem os grandes desafios que ainda existem para esse segmento.

O que aprendemos com a história?

A seguir se discutem os principais pontos levantados a partir da análise histórica:

- a importância de entender os clientes;
- as microfinanças podem ser implementadas com êxito por meio de uma variedade de modelos institucionais;
- as instituições alternativas tendem a obter êxito onde o sistema bancário não é bem desenvolvido; e
- há um papel para a política pública e os bancos estatais na prestação de serviços financeiros para populações de baixa renda.

A importância de entender os clientes. O explosivo crescimento do *Grameen Bank* em Bangladesh, do BRI na Indonésia, da Prodem e depois do BancoSol na Bolívia pode ser atribuído a uma série de fatores. Dentre os mais importantes, está o desenvolvimento de metodologias de crédito adequadas às necessidades de tomadores pobres envolvidos em atividades produtivas. Seja de forma proposital ou acidental, essas metodologias incorporam os mesmos princípios que caracterizam o setor das finanças informais: avaliação do caráter e conhecimento das comunidades locais como fatores decisórios no processo de concessão; uso de redes e grupos como substitutos às garantias; e emprestadores praticando taxas de juros que refletem a relação risco-retorno, geralmente reconhecendo que clientes de baixa renda e especialmente microempreendedores se preocupam com o custo de oportunidade tanto quanto com as taxas nominais. Esses princípios representam mecanismos desenvolvidos para e por populações pobres e, portanto, oferecem ricos exemplos a partir desses experimentos.

Acalorados debates sobre sustentabilidade *versus* foco nos pobres têm ofuscado a principal contribuição feita pelo *Grameen Bank*: um dinâmico e participativo processo de desenvolvimento de produto em que os pobres contribuem com as suas idéias. Enquanto o modelo do *Grameen* tem sido criticado por ser rígido e, nos anos recentes, ter perdido participação no mercado para competidores mais flexíveis, deve ser ressaltado que Yunus desenvolveu a metodologia de concessão do *Grameen* num período em que não havia alternativa. O período inicial de experimentação inclui algo em torno de três anos de adaptação e refinamento de produto, antes que o *Grameen* entre na fase de expansão. Posteriormente, na medida em que o modelo amadurece e o *Grameen* experimenta crescimento exponencial, a necessidade de uma abordagem padronizada e de outras pressões institucionais ganha importância. No entanto, as descobertas realizadas no período inicial de adaptação do produto transformam as formas tradicionais de desenvolvimento de produtos de crédito para os pobres.

A Prodem, na Bolívia, foi fortuita, quando introduziu o modelo de concessão em grupo, que se encaixou perfeitamente nas necessidades do principal grupo de clientes pobres, as mulheres vendedoras de vegetais. O princípio do grupo solidário apresentava similaridades com um mecanismo de finanças informal local chamado *pasanaku*. As instituições de microfinanças brasileiras não experimentaram tamanho êxito, por exemplo, ao introduzir metodologias de concessão individuais ou grupais no Sul ou no Sudeste.

O ritmo de crescimento das instituições brasileiras tem sido lento, certamente em função de uma combinação de fatores, dentre eles a formatação e o *mix* de produtos[140]. Até mesmo o CrediAmigo, que alcança um largo número de clientes na região Nordeste com grupos solidários, possui uma baixa taxa de renovação e crescimento lento na maior parte das agências. Uma lição que emerge da história das microfinanças, crítica para o sucesso das microfinanças no Brasil, é a importância de escutar os clientes para entender as suas necessidades, sendo criativo no desenho de produtos e no uso de canais de distribuição alternativos.

Uma variedade de modelos institucionais é possível. A história ensina que as microfinanças podem ser implementadas, com êxito, a partir de diferentes modelos institucionais, de grupos comunitários a cooperativas, de organizações não-governamentais até instituições reguladas e bancos comerciais, sejam privados, sejam estatais. De fato, a existência de uma forte visão, aliada a incentivos organizacionais, parece ter sido mais importante do que o modelo institucional na determinação da sobrevivência e do crescimento das instituições de atendimento aos pobres. As instituições pioneiras possuem líderes carismáticos com uma abordagem empresarial e, em todos os casos, a visão incorpora princípios básicos de negócio e finanças. Cabe ressaltar que, apesar de o modelo institucional não ser necessariamente crítico, parece claro que instituições que oferecem serviços de poupança tendem a sobreviver por um período mais longo e a crescer mais fortemente do que aquelas que oferecem apenas crédito. Por exemplo, tentativas iniciais de criar fundos para empréstimos na Irlanda falharam ao se basear em doações realizadas pela elite inglesa, adotando uma visão paternalista em relação ao seu público-alvo. Por outro lado, os Fundos Irlandeses de Crédito, que atingiram cobertura nacional e duraram mais de um século, eram financiados basicamente por poupança local. De forma similar, após o fracasso da experiência com recursos doados, o alemão Raiffeisen baseou a sua cooperativa de crédito no princípio da união ilimitada de associados.

---

140 Ver Nichter *et al.* (2001) para discussão sobre este tópico.

Posteriormente, a experiência do BRI mostrou como uma estrutura extremamente descentralizada, com os incentivos corretos, poderia auxiliar uma grande instituição a atingir clientes dispersos, a manter uma estrutura de custo enxuta e a contribuir para uma gestão de carteira efetiva. Tanto o BRI quanto a Ademi foram pioneiros nas suas regiões, oferecendo incentivos financeiros aos seus agentes de crédito relacionados ao crescimento e à qualidade da carteira. Essa abordagem tem sido largamente adotada por instituições de microfinanças em torno do mundo, sendo considerada, em termos operacionais, como um dos elementos-chave de sucesso.

Tanto Mohammed Yunus, do *Grameen Bank*, como Pancho Otero, da Prodem, lideraram as suas organizações articulando uma visão que desafiava a tradicional perspectiva de desenvolvimento do seu tempo: no caso de Yunus, argumentando que pobres sem terra possuíam capacidade de pagamento; e no caso de Otero, que os microempreendedores bolivianos sabiam como realizar investimentos lucrativos com os créditos tomados e que, portanto, poderiam pagar taxas de juros não-subsidiadas.

O desempenho do BRI e a transformação Prodem – BancoSol demonstraram que a atividade poderia ser viável e também que as microfinanças ainda eram finanças. As receitas tinham de superar os custos e a qualidade da carteira tinha de ser mantida, caso contrário a instituição iria se descapitalizar. Como demonstraram os programas de crédito rural subsidiado dos anos de 1950, 1960 e 1970, poderia haver soluções de curto prazo para a descapitalização, mas, em longo prazo, esse problema colocaria a instituição à mercê da vontade política. Instituições de microfinanças ao redor do mundo têm demonstrado inúmeras vezes que os clientes podiam e estavam dispostos a pagar taxas de juros não-subsidiadas; e que, em geral, eles valorizavam de tal forma a sua relação com a instituição que eram excelentes pagadores. De fato, os clientes tendiam a valorizar mais o acesso ao crédito do que a taxa de juros e geralmente levavam em consideração o custo de oportunidade dos serviços financeiros utilizados.

No Brasil, a maioria das iniciativas microfinanceiras foi realizada por instituições especializadas, notadamente ONGs, OSCIPs, SCMs ou operações separadas em bancos como o CrediAmigo e o Realcred do ABN- Amro. Os programas de crédito não tinham sido vinculados com serviços de poupança ou financiados com recursos mobilizados dos clientes. Poucas instituições possuíam uma estrutura de incentivos apropriada para as microfinanças – tanto nos níveis de gerência quanto nos dos agentes de crédito. No caso das instituições sem fins lucrativos, um estudo recente destacou que as operações eram altamente centralizadas, com a tomada de decisão concentrada na alta gerência.[141] O mesmo estudo verificou que poucos líderes possuíam planos ambiciosos de crescimento. No nível operacional, os custos de oportunidade para os tomadores de crédito se mostravam altos, com uma grande relação de documentos solicitados e períodos longos de desembolso. Para o Brasil, ficou claro que as lições institucionais e operacionais da revolução das microfinanças ainda não foram totalmente internalizadas.

Instituições alternativas tendem a obter sucesso onde o sistema bancário não é desenvolvido. Os Fundos Irlandeses no século XVIII, o *Grameen Bank* em Bangladesh, o BRI na zona rural da Indonésia e a Prodem na Bolívia possuíam um elemento comum: o sistema bancário em seus países ou regiões era praticamente inexistente quando essas instituições iniciaram as suas operações. Existem duas dimensões nas quais essa situação facilitou a atuação das instituições: uma no nível regulatório e a outra no nível da demanda. Primeiro, em alguns casos, um sistema financeiro pouco desenvolvido também significava um contexto regulatório flexível. Num ambiente altamente regulado (como no dos Estados Unidos e no do Brasil), essa flexibilidade era inexistente. No nível da demanda, deve ser entendido que as instituições pioneiras operavam nas suas regiões quase como monopólios. Por isso, alguns especialistas argumentaram que a metodologia de concessão em grupo fora mais popular inicialmente em regiões remotas ou em mercados financeiros pouco desen-

[141] Gallagher, et. al (2000).

volvidos, em que havia poucas alternativas disponíveis. Como mostrou a experiência boliviana, quando havia a opção entre o crédito em grupo e o individual, a maioria dos clientes optava pelo individual.

Em contraste, nos lugares em que o sistema financeiro era mais desenvolvido, instituições de microfinanças podiam encontrar problemas significativos, incluindo obstáculos políticos e regulatórios e falta de demanda. Por exemplo, nos Estados Unidos, na década de 1970, o sistema de uniões de crédito tinha de competir com os bancos por seus próprios clientes, expandindo a sua gama de serviços, incluindo contas-correntes. As uniões de crédito também foram capazes de fugir ao forte *lobby* dos bancos, operando numa "janela" regulatória distinta. A situação, no Brasil, claramente apresenta um sistema regulado dominado por poderosos conglomerados financeiros. Isso tem gerado enormes desafios para as instituições especializadas. Além disso, a avançada tecnologia utilizada pelos bancos implicava elevados custos para as instituições de microfinanças interessadas em prestar serviços convenientes a seus clientes. Um outro aspecto importante é os bancos dominarem o mercado de baixa renda com produtos de crédito ao consumo, e o movimento em direção às camadas mais pobres da população de muitos bancos significar que, ao contrário da situação de "monopólio" vivida pelo *Grameen* ou Prodem, as instituições de microfinanças brasileiras estariam oferecendo uma das inúmeras opções de crédito disponíveis no mercado. Isso teria importantes implicações para o desenvolvimento de produtos. As IMFs brasileiras deveriam considerar a possibilidade de oferecer uma ampla gama de serviços para as populações pobres. Ainda mais seriamente, a situação brasileira provoca a questão de esse papel vir a ser desempenhado por instituições especializadas ou por instituições financeiras tradicionais.

O papel do Governo e dos bancos estatais. O envolvimento do Governo no segmento de microfinanças deve buscar criar um quadro legal favorável. Os *Irish Loan Funds* foram destruídos pelo estabelecimento de controles sobre a taxa de juros, não permitindo uma operação lucrativa. No caso do *Grameen* e do BancoSol, tanto os órgãos reguladores de Bangladesh quanto os da Bolívia estavam acomodados ao que parecia serem inicialmente operações sem risco para o sistema. Por outro lado, reguladores em países com instituições especializadas – incluindo a Bolívia –, em geral, impuseram condições restritas em áreas que consideravam o rigor necessário.

O Brasil possui uma estrutura legal complicada e pesada, não apenas na área financeira, como também em algumas outras áreas que impactam na implementação de programas microfinanceiros: impostos, leis trabalhistas, código de defesa ao consumidor, etc. Os Governos passados e o atual efetuaram progressos nessas áreas. No entanto, uma série de reformas adicionais ainda são necessárias no sentido de tornar as microfinanças uma atividade viável.

Em relação à atuação de instituições públicas no varejo, a experiência do BRI é especialmente relevante para países como o Brasil: com grandes parcelas da população desassistidas, com um histórico de programas de crédito subsidiado e com a significativa presença de bancos estatais em todo o País. As fortes críticas dirigidas aos programas de crédito rural subsidiado dos anos 1970 e 1980 e os problemas financeiros de muitos bancos estatais em todo o mundo fizeram com que o BRI fosse considerado, durante muitos anos, uma aberração (a exceção que comprova a regra).

Recentemente, no entanto, alguns bancos estatais obtiveram êxito em microfinanças em países diversos, como Mongólia (*AgBank*) e Tanzânia (*National Microfinance Bank*). O *Banco del Desarrollo* no Chile e o programa CrediAmigo no Brasil têm sido citados como exemplos de sucesso de programas de microcrédito operados por instituições públicas. No caso do CrediAmigo, é importante ressaltar que, da mesma forma que no BRI, as operações de microcrédito são mantidas separadas das demais operações do Banco.

A lição fundamental que a história destacou, no que diz respeito à participação de instituições públicas nas operações microfinanceiras de varejo, foi a de que esta, no passado, fora marcada pela incapacidade de atingir as populações excluídas, problemas financeiros e de solvência e corrupção. No entanto, isso não significou que tais instituições não pudessem dar contribuições relevantes nesse segmento. Exemplos recentes de sucesso inspiraram muitas pessoas a defender que a utilização de instituições públicas era a melhor estratégia para se atingirem as populações excluídas e com a escala necessária, especialmente em países de grandes dimensões territoriais. No Brasil, por exemplo, muitos defenderam que bancos estatais possuíssem vantagens no que diz respeito à capilaridade e em relação a seus próprios mandatos de atender a populações de baixa renda.[142]

Talvez a questão determinante fosse, como mostra a história, que não era o fato de a instituição microfinanceira ser pública ou privada, e sim se esta era capaz de combinar uma forte visão institucional com incentivos operacionais corretos e – no caso de mercados desafiadores como o do Brasil – desenvolver e prestar serviços inovadores e criativos.

Desafios para o futuro

As microfinanças são consideradas como uma história de sucesso no cenário internacional de desenvolvimento. Esse sucesso se evidencia em alguns níveis – do cliente, da instituição e como parte do setor financeiro no seu todo. Nos países em desenvolvimento, é possível identificar microempreendedores de baixa renda acessando serviços financeiros, nos quais, há algumas décadas, os indivíduos sequer tinham acesso a instituições financeiras formais. O elevado número de clientes com repetidas solicitações de crédito em muitos dos programas de microcrédito tem sido utilizado como *proxy* para um impacto positivo. Uma série de estudos de impacto foi realizada, e os resultados têm mostrado benefícios para os tomadores. [143] No nível da instituição, as experiências das últimas décadas demonstram que a prestação de serviços microfinanceiros pode se mostrar viável

[142] Um estudo recente do Banco Mundial apontou que bancos privados, no Brasil, atingiram maior escala que as instituições públicas em termos de geografia e nível de renda. Ver Kumar, A. (2003).

[143] Ver, por exemplo, Hulme e Mosley (1996), Snodgrass e Sebstad (1999).

do ponto de vista comercial. Desde instituições sem fins lucrativos até bancos comerciais, as instituições de microfinanças têm atingido índices de sustentabilidade, que podem ser interpretados como sinais de êxito. Muitas dessas instituições conseguiram se "graduar", passando do exclusivo apoio de doadores para a captação de fundos comerciais, a fim de financiar as suas operações. Por último, ao nível do setor financeiro, o crescimento e o desenvolvimento das microfinanças têm contribuído para a construção de instituições financeiras saudáveis com foco em populações de baixa renda. Na Bolívia, por exemplo, o BancoSol e os FFPs (*Fondos Financieros Privados* – intermediários microfinanceiros licenciados) superaram os bancos comerciais nacionais nos últimos cinco anos de recessão. As operações microfinanceiras do BRI, na Indonésia, permaneceram estáveis no contexto da crise asiática de 1998-99, e o mesmo padrão tem sido observado em outros países, como a Rússia e o Equador.

No entanto, ainda resta uma série de desafios. Antes de tudo, o acesso a microfinanças ainda se mostra limitado. Na América Latina, por exemplo, a penetração de mercado das instituições de microfinanças varia de 30 a 150% em países pequenos, mas é menor que 5% em países grandes como o Brasil e o México. Há dúvidas de que a comercialização traga consigo alguns problemas – apesar de ainda não comprovados – sobre a mudança de missão, e também não tenha produzido o fluxo massivo de recursos privados.

Por fim, é importante ressaltar que aquilo que era chamado de "microcrédito" e que surgiu a partir de alguns projetos de desenvolvimento passou a ser reconhecido como parte de algo muito maior – uma gama de serviços financeiros para populações de baixa renda que inclui serviços de poupança; seguro; e crédito para consumo, produtivo, habitacional, educacional, etc. Porém, muitas das instituições especializadas ainda não realizaram essa transição para prestadoras completas de serviços financeiros e, no caso de instituições não-bancárias, essa transformação talvez seja muito difícil.

Os bancos não foram inventados para os pobres, as microfinanças, sim. Conforme destacado por Elisabeth Rhyne "as microfinanças tiveram as suas origens fora do sistema formal, (...) mas para ter um impacto duradouro, as microfinanças vão ter de se integrar com o setor financeiro."[144] É realista pensar que as instituições de microfinanças se tornarão totalmente integradas aos sistemas financeiros? Será que o segmento de microfinanças pode prover ferramentas que auxiliem na transformação da indústria bancária, no sentido de aproximá-la das classes mais pobres? Para que isso se transforme em realidade, instituições especializadas e programas de microfinanças devem permanecer como uma fonte de inovação, conjugando produtos com características adequadas às necessidades das populações de baixa renda com operações e sistema eficientes. Não há nenhum setor, ou tipo de instituição, exclusivamente inovador. A história tem mostrado que soluções criativas para problemas de desenvolvimento podem surgir das mais surpreendentes e inesperadas circunstâncias. Portanto, o futuro das microfinanças oferece um papel para uma variedade de instituições e de indivíduos tão grande quanto o dos que participaram até hoje.

Bibliografia

ADAMS, D. W. **Using credit unions as conduits for microlending**: latin-american insights. Geneva: International Labour Organization, 2002.

ALMEYDA, G. **Money matters**: reaching women micro entrepreneurs with financial services. Washington, DC: Inter-American Development Bank, 1996.

ALVES, L. B. *et al.* **Avaliação de um programa de garantia de renda e crédito rural na agricultura familiar.** Brasília: NEAD.

ASIAN Development Bank. Donor program review: sharing insights, lessons and experience in rural finance. In: *Paving The Way Forward*

[144] Debate promovido pela *Women's World Banking*, New York, 29 de julho, 2003.

For Rural Finance: An International Conference On Best Practices, 2002, Washington. **Proceedings...** Washington: DC, Usaid, 2003.

BAKER, C.B.; BHARGAVA, K. V. Financing Small-farm Development in India. In: Von PISCHKE, J.D.; ADAMS, D.W.; DONALD, G. (Ed.). **Rural financial markets in developing countries.** Washington, DC: Economic Development Institute -EDI, 1983.

BANCO INTERAMERICANO DE DESARROLLO. **Algunas experiencias de apoyo a la microempresa**. Washington, DC: Banco Interamericano de Desarrollo, 1996.

BAYDAS, M. M.; GRAHAM , D. H.; VALENZUELA, L. **Bancos comerciales en las microfinanzas**: nuevos actores en el mundo microfinanciero. Microenterprise, Washington: DC, United States Agency for International Development (Usaid), 1997.

BBENKELE, K. E. Selected South African microfinance case studies in rural financing. In: Paving The Way Forward For Rural Finance: An International Conference On Best Practices, 2002, Washington. **Proceedings...** Washington: DC, Usaid, 2002.

BENETTI, M. D. **Sistema de crédito rural e o financiamento da agricultura na década de 90**. Brasília: IPEA, 1994. (Relatórios de Pesquisas).

BERGER, M.; YONAS , A. B.; LLOREDA, M. L. **The second story**: wholesale microfinance in latin America. Washington, DC: Inter-American Development Bank, 2003.

BITTENCOURT, G. A. **Cooperativas de crédito solidário, constituição e funcionamento**. São Paulo: Nead, 2001. (Série Estudos Nead, 4).

BORNSTEIN, D. **The price of a dream**. New York: Simon and Schuster, 1996.

BOUMAN, F. J. A. ROSCA and ASCRA: beyond the financial landscape. In: ______; HOSPES, O. (Ed.). **Financial landscapes reconstructed**: the fine art of mapping development. Boulder: Westview Press, 1994. p. 375-394.

BRASIL. Ministério do Desenvolvimento Agrário. Conselho Nacional de Desenvolvimento Rural Sustentável. **Plano Nacional de desenvolvimento rural sustentável**.– CNDRS. Dezembro de 2002. Disponível em: <http://www.cgu.gov.br/bgu2002/VolumeI/059.pdf>

BREMAN, J. **The urban informal sector**: critical perspectives on employment and housing policies. Oxford: Pergamon Press, 1979.

CABRAL, C. Cooperativas: engenhos do futuro. **Revista RUMOS**, Brasília, n.206, p. 26-33, Mar. 2003.

CGAP Focus Note n. 10. **State-owned development banks in microfinance**. Washington, DC: CGAP, 1997.

CGAP Focus Note n. 6. **The challenge of growth for microfinance institutions**: the Bancosol experience. Washington, DC: CGAP, 1997.

CHARITONENKO, S.; CAMPION, A. Expanding commercial microfinance in rural areas. In: Paving the Way Forward for Rural Finance: An International Conference on Best Practices, 2002, Washington. **Proceeding...** Washington, DC: Usaid, 2002.

CHRISTEN, R. P. **Commercialization and mission drift**: the transformation of microfinance in Latin America. Washington, DC: CGAP, 2000. (CGAP Occasional Paper).

______. **Banking services for the poor:** managing for financial success. Cambridge, MA: Accion International, 1997.

______. **What can we learn from the moneylender?** Cambridge, MA: Accion International, 1997.

COOPERFORTE. **The largest mutual savings and loans cooperative bank in Brazil**. Brasilia, 1997.

DALEY-HARRIS, S. **State of microcredit summit campaign report 2002.** Washington, DC: International Labour Organization, 2002.

DANTAS, V. A. **Sistema Ceape:** uma rede de microcrédito. Brasília: Centro Internacional de Formação da OIT, 2000.

DONALD, G. **Credit for small farmers in developing countries**. Boulder, CO: Westview Press, 1973.

DRAKE, D.; RHYNE, E. **The commercialization of microfinance**: balancing business and development. Bloomfield, CT: Kumarian Press, 2002. 336 p.

EUROSTAT. **Pilot study on co-operatives, mutuals, associations and foundations.** Denmark, 2001. Disponível em: <http://europa.eu.int/comm/enterprise/entrepreneurship/coop/social-cmaf_agenda/doc/pilot-study-cmaf-eurostat.pdf >.

FITCHETT, D. **Bank for agriculture and agricultural cooperatives (BAAC), Thailand**. Eschborn: Consultative Group to Assist the Poorest (CGAP), 1999. (Case Study).

FONTES, A. et al. **A expansão no setor das microfinanças no Brasil.** Rio de Janeiro: IBAM/Fundação Ford, 2003.

GALLAGHER, T. et al. **O mercado de crédito para pessoas de baixa renda no município do Rio de Janeiro**. Rio de Janeiro: DAÍ–Brasil; APD–RJ, 2002.

GALLARDO, J.; RANDHAWA, B. K.; SACAY, O. J. **A commercial bank´s microfinance program**: the case of Hatton National Bank in Sri Lanka. Washington, DC: World Bank, 1997. (Discussion paper, n. 369).

GELPI, R.M.; JULIEN-LABRUYÈRE, F. **Histoire du crédit à la consommation**: doctrines et pratiques. Paris: Édition la Découverte, 1994. (Série Économie).

GOLDMARK, L.; VECHINA, D.; POCKROSS, S. **The mystery of microfinance in Brazil.** PDI/BNDES, 2000.

GONZALEZ-VEGA, C. **Stages in the evolution of thought on rural finance**. Ohio: The Ohio State University, 1994. (Economics and Sociology, Occasional Paper, n. 2134).

______; GRAHAM, D. H. **State-owned agricultural development banks**: lessons and opportunities for microfinance. Ohio: The Ohio State University. June 1995. (Economics and Sociology, Occasional Paper, n. 2245).

______ et al. **Bancosol the challenge of growth for microfinance organizations**. Ohio: The Ohio State University, 1996. (Economics and Sociology, Occasional Paper, n. 2332).

______. **Microfinance**: broader achievements and new challenges. Ohio: The Ohio State University, 1998. (Economic and Sociology, Occasional Paper, n.. 2518).

______; PRADO, F.; MILLAR, T. (Eds.) **El reto de las microfinanzas en America Latina: la vision actual.** Caracas: Corporación Andina de Fomento, 2002.

______. Deepening Rural Finance Markets: Macroeconomic, Policy and Political Dimensions. In: Paving the Way Forward for Rural Finance: An International Conference on Best Practices, , 2002, Washington. **Proceedings...** Washington: DC, Usaid, 2002.

GUERRERO, J. A. As microfinanças e o crédito rural. In: SEMINÁRIO INTERNACIONAL BNDES MICROFINANÇAS, 2000, Rio de Janeiro. **Anais...** Rio de Janeiro: BNDES, 2000.

GULLI, H. **Microfinance and poverty**. Washington, DC: Inter-American Development Bank, 1999.

HAGGBLADE, S.; MEAD, D. C.; MEYER, R. **An overview of policies and programs for promoting growth of the rural nonfarm economy**. International Food Policy Research Institute, 2003. (Draft manuscript).

HELFAND, S. M. The distribution of subsidized agricultural credit in Brazil: do interest groups matter? **Development and Change**, Oxford, v. 32, n. 3, 2001.

HERNÁNDEZ, H. **Éxito en las cooperativas de ahorro y crédito**: un estado posible. Confederación Latinoamericana de Cooperativas de Ahorro y Crédito, Panamá, 2002.

HOBSBAWN, E. **A era dos extremos:** o breve século XX. São Paulo: Companhia das Letras, 2001.

HOLT, S. **Village banking**: a cross-country study of a community-based lending methodology. New York: Pact Publications, 1991. (Working paper, n. 25).

HORSTKOTTE, H. **Co-operatives in Germany**: self-help organizations into the third millenium, 1999.

HULME, D.; MOSLEY, P. **Finance against poverty, I & II**. London; New York: Routledge, 1996.

INTER-AMERICAN DEVELOPMENT BANK. **Best practices in microenterprise development**: summary of cases volumes I and II. Washington, DC: Inter-American Development Bank, 1997.

JACKELEN, H. **O programa UNO de assistência técnica a microempresas em Caruaru, Brasil:** relatório apresentado ao Banco Mundial. Washington, D.C.: Banco Mundial, 1982.

JANSSON, T. Merger mania in microfinance? **Microenterprise Development Review**, v. 4, n.2, p. 1-5, 2002.

______. **Financing microfinance**. Washington, DC: Inter-American Development Bank, 2003.

______. **Microfinance**: from Village to Wall Street. Washington, DC: Inter-American Development Bank, 2001.

______. **Financial regulation and its significance for microfinance in Latin America and the Caribbean**. Washington, DC: Inter-American Development Bank, 1998.

LEDGERWOOD, J.; BENJAMIN, M. **The Dominican Republic, Ademi:** Case studies in microfinance. Washington, D.C.: World Bank, 1999.

______. **The microfinance handbook**: an institutional and financial perspective. Washington, D.C.: World Bank, 1998.

MAGILL, J. **Credit unions**: a formal sector alternative for financing microenterprise development. Washington, DC: United States Agency for International Development(Usaid), 1991.

MASSUQUETTI, A. **A mudança no padrão de financiamento da agricultura brasileira no período de 1965-97**. 1999. Dissertação (Mestrado) – Faculdade de Ciências Econômicas, Universidade Federal do Rio Grande do Sul, Porto Alegre.

MASY, R. C. de. **Cooperativas de crédito rural en Río Grande do Sul (Brasil):** reorganización y desarrollo. Roma: Pontifícia Universidad Gregoriana, 1996. (Working paper)

MAURER, K. **Agricultural development bank reform**: the case of the bank for agriculture and agricultural cooperatives (BAAC). Thailand: IFAD, 2002.

McKINNON, R. I. **Money and capital in economic development**. Washington, DC: Brookings, 1973.

MacPHERSON, I. **Hands around the globe**. Victoria, BC: World Council of Credit Unions (WOCCU). 2001.

MEINEN, E.; DOMINGUES, J.; DOMINGUES, J. **Cooperativas de crédito no direito brasileiro**. Porto Alegre: Sagra Luzzatto, 2002.

MEYER, R. L. **Iniciativas asiáticas para desenvolver mercados financeiros rurais**: algumas idéias para o Brasil. In: SEMINÁRIO INTERNACIONAL BNDES MICROFINANÇAS, 2000, Rio de Janeiro. **Anais...** Rio de Janeiro: BNDES, 2000.

MICROSAVE. Africa East African Savings Study, Working Paper.

MORAIS, M. R. de. **Microfinanças**: entre a política social e o lucro. São Paulo: FIA/FEA/USP, 2002.

MORDUCH, J. **The microfinance schism**. Boston: Harvard Institute for International Development, 1998. (Development Discussion Paper, 626).

NASUTION, S. **The East Asian crisis and microfinance**: the experience of Bank Rakyat Indonesia. Washington, DC: Inter-American Development Bank, 2000.

NAVAJAS, S. et al. Microcredit and the poorest of the poor: theory and evidence from Bolivia. **World Development**, v. 28, n.2, p. 333-346, 2000.

NICHTER, S.; GOLDMARK, L.; FIORI, A. **Entendendo as microfinanças no contexto brasileiro.** Rio de Janeiro: BNDES, 2002.

OTERO, M.; RHYNE, E. **The new world of microenterprise finance: building healthy financial institutions for the poor**. West Hartford, Connecticut: Kumarian Press, 1994.

PARKER, J.; PEARCE, D. **Microfinance, grants and non-financial responses to poverty reduction**: Where does microcredit fit? Washington, DC: Consultative Group to Assist the Poor, 2001. (CGAP Focus Note, 20).

POYO, J.; Young, R. **Commercialization of microfinance**: the case of multi credit bank, Panama. Bethesda, MD: Development Alternatives Inc., 1999.

REZENDE, G. C. de. **Programa de crédito especial para reforma agrária (PROCERA)**: uma análise de sua eficácia. Rio de Janeiro: IPEA, 1999. (Texto para Discussão, n. 648)

RHYNE, E.; Christen, R. **Microfinance enters the marketplace**. Washington, DC: Usaid, 1999.

______. **Mainstreaming microfinance**: how lending to the poor began, grew, and came of age in Bolivia. Connecticut: Kumarian Press, 2001.

ROBINSON, M. S. **The microfinance revolution**: sustainable finance for the poor. Washington, DC: World Bank, 2001.

RUBIO, F. F. **Microenterprise growth dynamics in the Dominican Republic**: the Ademi Case. Washington, DC: Usaid, 1991. (GEMINI Working Paper, n. 21).

RUTHERFORD, S. **The poor and their money**. Manchester, UK: Department for International Development/Oxford University, 2000.

SCHONBERGER, S. **A multilateral donor triumphs over disbursement pressure**: the story of microfinance at Banco do Nordeste in Brazil. Washington, DC: World Bank, 2002.

______. **Microfinance prospects in Brazil**. Washington, DC: World Bank, 1998. Mimeografado.

SCHOR, G. **Commercial financial institutions as micro lending partners**: some lessons of the micro global program in Paraguay. Frankfurt: IPC Gmbh, 1997. (Working paper).

SÉE, H. **Les Origines du Capitalisme Moderne**. Paris: Armand Colin, 1940.

SEIBEL, H. D. **Informal finance**: origins, evolutionary trends and donor options. International fund for agriculture development. IFAD Rural Finance, 1999. (Working paper series, A3).

SHAW, E. S. **Financial deepening in economic development**. Oxford: Oxford University Press, 1973.

SMITH, A. **The wealth of nations**. Chicago: The University of Chicago Press, 1976.

SNOW, D. **Microcredit**: an institutional development opportunity. Department of Public Management Suffolk University. Boston, 1999. (Working paper).

SOARES, B. C. **Agricultura familiar no Brasil**: propostas e avaliação do programa nacional de fortalecimento da agricultura familiar (Pronaf). 2003. Dissertação (Mestrado em Economia)- Universidade Federal Fluminense, Rio de Janeiro, 2003.

STALEY, E.; MORSE, R. **Small industry for developing countries**. New York: McGraw Hill, 1965.

STEEGE, J. **The rise and fall of Corposol**: lessons learned from the challenges of managing growth. Washington, DC: Usaid Microfinance Best Price, 1998.

THENÓRIO FILHO, L. D. **Pelos caminhos do cooperativismo**: com destino ao crédito mútuo. Brasília: Confebras, 2002. 40p.

TSAI, K. S. A circle of friends, a web of troubles: rotating credit associations in China. **Harvard China Review**, v. 1, n. 1, Summer 1998.

VARGAS, C.; BASS, J. **Instituciones bancarias**: proporcionando servicios de microfinanzas. Informe de la conferencia. Washington, DC: Usaid, 1998.

VON PISCHKE, J.D. The evolution of institutional issues in rural finance. In: Paving The Way Forward For Rural Finance: An International Conference On Best Practices, 2002, Washington. **Proceedings...** Washington: DC, Usaid, 2002.

______. **Finance at the frontier**: debt capacity and the role of credit in the private economy. Washington, DC: World Bank, 1991. 440 p.

______; ADAMS, D.; DONALD, G. **Rural financial markets in developing countries:** their use and abuse. Baltmore: The Johns Hopkins University Press, 1983.

WENNER, M. **Rural finance strategy**. Washington, DC: Inter-American Development Bank, 1999.

______; CAMPOS, S. **Lessons in microfinance downscaling**: the case of banco de la empresa, S.A. Washington, DC: Inter-American Development Bank, 1998.

______; PROENZA, F.J. **Rural finance in Latin America and the Caribbean**: challenges and opportunities. Washington, DC: Inter-American Development Bank, 2000. (Working paper).

WESTLEY, G. D.; BRANCH, B. **Safe money**: building effective credit unions in Latin America. Washington, DC: Inter-American Development Bank, 2000.

WORLD Bank Group. **Microfinance as a regular commercial banking product**. Washington, DC: World Bank Group, 1997. (Viewpoint note, n. 131).

WORLD Bank Research. **A Worldwide inventory of microfinance institutions**. Washington, DC: World Bank, 1996.

YUNUS, M.; JOLIS, A. **O banqueiro dos pobres**. São Paulo: Ática, 1997.

ZELLER, M. **Models of rural financial institutions**. In: Paving The Way Forward For Rural Finance: An International Conference On Best Practices, 2002, Washington. **Proceedings...** Washington: DC, Usaid, 2002.

PARTE II

ENTENDENDO O MERCADO DE MICROFINANÇAS

Alexandre Stigert

Álvaro Alexandre Freire Fonte

Angela da Rocha

Carlos Quintella

Emily Darwich

Isabella da Costa Pinto

Islan Moraes dos Santos

Jorge Hijjar

Renato Cotta de Mello

CAPÍTULO 8

ENTENDENDO O CONSUMIDOR DE MICROFINANÇAS

Angela da Rocha

Renato Cotta de Mello

Um dos principais desafios enfrentados por uma instituição de microfinanças (IMF) é o conhecimento dos clientes. O desafio deriva, de um lado, da diversidade que se apresenta, com clientes de características bastante diferenciadas, dependendo da região de atuação da IMF, dos ramos de negócios abrangidos por suas atividades, dos clientes visados, etc. De outro, emana da pouca informação disponível sobre o comportamento dos clientes. Este capítulo analisa alguns aspectos relevantes do comportamento do usuário de microfinanças, à luz de experiências relatadas em outros países e no Brasil. Ao final, mostra-se como a pesquisa de mercado pode se constituir em instrumento válido para aumentar o conhecimento sobre clientes existentes e potenciais e tomar decisões mais eficazes no sentido de atingir, conquistar e manter esses clientes.

A DIFÍCIL TAREFA DE ENTENDER O CONSUMIDOR DE MICROFINANÇAS

Apresentam-se a seguir duas situações relatadas na literatura, que ilustram a dificuldade envolvida em trabalhar com usuários de microfinanças, no Senegal e nas Filipinas.

Exemplo 1: Microcrédito e o comportamento das mulheres *wolof* no Senegal[145]

Uma ONG norte-americana, a partir de 1993, passou a atuar em zona rural do Senegal, oferecendo crédito a mulheres da etnia *wolof* para ser aplicado em microempreendimentos. A ONG estabeleceu, naquela região, 31 bancos comunitários, com 50 membros cada.

Três grandes mudanças estruturais haviam tornado os bancos comunitários praticamente a única fonte de crédito a que tinha acesso a população local: o cancelamento do crédito governamental às cooperativas, o enfraquecimento dos laços relacionais entre pequenos agricultores e grandes fazendeiros e o desenvolvimento das feiras comunitárias.

De um lado, o governo senegalês havia cancelado programas agrícolas, entre os quais o apoio a cooperativas estatais rurais e grande parte dos subsídios agrícolas. O fechamento das cooperativas agrícolas enfraquecera a posição do chefe da família, porque a participação nas cooperativas era restrita aos homens.

De outro, mudanças na sociedade haviam enfraquecido os laços relacionais entre fazendeiros ricos e pequenos agricultores. Esses laços haviam sido cruciais para que os fazendeiros ricos, no passado, disponibilizassem empréstimos e facilitassem o acesso a sementes aos pequenos produtores rurais. Embora tipicamente a juros extorsivos, essa havia sido a principal forma de acesso a crédito dos pequenos agricultores. Quando a economia rural senegalesa iniciou seu processo de liberalização, nas últimas décadas, muitos proprietários ricos perderam parte das suas fortunas devido ao não-pagamento de empréstimos. Esses fazendeiros passaram a empregar seus recursos excedentes em atividades de mercado, relacionadas à produção agrícola ou à compra e venda de insumos e produtos agrícolas.

---

[145] Este exemplo foi extraído de Perry, D. *Microcredit and women moneylenders: the shifting terrain of credit in rural Senegal.* **Human Organization**, 61 (1) :30-40, Spring 2002.

Outra mudança estrutural fora o aparecimento de feiras semanais, que permitiram a expansão do comércio de todo tipo de produtos agrícolas, florestais e artesanais, além de mercadorias de contrabando. Essas feiras facilitaram o desenvolvimento de uma economia de mercado, na qual os fazendeiros ricos passaram a ter importante papel.

Inicialmente, a ONG estabelecera que 75% dos membros dos bancos comunitários deveriam ser do sexo feminino, mas posteriormente ampliou este percentual para 100%.

Os *wolof* seguiam a religião muçulmana, mas as mulheres não eram reclusas, embora vivessem sob regime fortemente patriarcal. Tinham, em geral, pouca tradição em atividades de comércio e artesanais, contrariamente às mulheres de áreas urbanas do país. Seguiam as tradições patriarcais e tinham muitos deveres domésticos no atendimento às necessidades de seu marido, filhos e sogra.

As mulheres que participavam dos bancos comunitários tinham, em média, 33 anos de idade e pouco mais de quatro crianças, a maioria com menos de 14 anos de idade. Aproximadamente 85% dessas mulheres eram donas-de-casa e tinham muito pouca ou nenhuma experiência em comércio. Acreditava-se que a combinação das feiras semanais, que propiciavam o acesso ao mercado, e dos bancos comunitários, que davam acesso ao crédito, permitiria a expansão das atividades econômicas exercidas por mulheres, possibilitando-lhes maior autonomia.

As mulheres empreendedoras da zona rural, que já dispunham de microempreendimentos bem-sucedidos, haviam sido excluídas dos bancos comunitários. Elas apresentavam um perfil bastante distinto daquelas que participavam de bancos comunitários. Eram bem mais velhas, com 40 anos ou mais, e seus filhos já haviam crescido. Tipicamente, já dispunham de noras para realizar o trabalho doméstico, estando, portanto, livres dessas atividades. Essas mulheres, em geral, tinham *status* social mais elevado e dispunham de rendimentos próprios. Devido a seu sucesso e ao fato de já haverem criado os filhos, não se constituíam em alvo da ONG.

O empréstimo médio concedido era de US$ 68, valor que equivalia a 15% do PNB *per capita* do Senegal, sendo considerado muito alto, dado que as mulheres da zona rural, tipicamente, tinham renda média *per capita* muito inferior à da média da população senegalesa. Havia dois tipos de empréstimos. Os mais atrativos, em termos de valor, prazos e taxas de juros, só podiam ser concedidos às mulheres que eram membros dos bancos comunitários. Outros tipos de empréstimos, porém em condições menos vantajosas, podiam ser concedidos a outros membros da comunidade, inclusive aos homens. Os empréstimos às mulheres membros dos bancos comunitários iam aumentando de valor à medida que se sucediam os ciclos de empréstimos devidamente quitados, até atingir o valor máximo de US$ 300.

A premissa básica do modelo adotado pela ONG era de que as mulheres investiriam os recursos obtidos em atividades artesanais ou em pequeno comércio. No entanto, grande número das mulheres *wolof* que obtinha empréstimos dos bancos comunitários, em lugar de aplicar os recursos em novos negócios, tornava-se fonte de crédito para familiares e vizinhos. As vantagens de emprestar a esse grupo mais próximo eram inúmeras. Em primeiro lugar, as mulheres cumpriam uma obrigação social com seus parentes; em segundo lugar, tinham maior segurança de que essas pessoas lhes pagariam; em terceiro, era possível, dessa forma, realizar empréstimos cobrando juros, sem ofender abertamente os princípios do Corão. Além disso, podiam emprestar para outras mulheres empreendedoras ou para outros membros da comunidade que, por qualquer motivo, não tivessem acesso aos bancos comunitários.

A concessão de empréstimos a outrem, utilizando o crédito concedido pelo banco comunitário, era uma atividade particularmente atrativa para uma mulher *wolof*: de um lado, podia ser exercida sem afetar o tempo disponível para as atividades do lar, inclusive o cuidado com os filhos, atendendo ainda às necessidades do marido e da sogra; de outro, quanto mais empréstimos tomasse e repassasse, maior o valor obtido no próximo empréstimo. As mulheres procuravam emprestar os recursos obtidos o mais rapidamente possível, de modo a não correr o risco de que fossem utilizados para outros fins pelo marido ou outros membros da família.

As atividades de empréstimo realizadas pelas mulheres eram também bem-vindas pelos fazendeiros mais ricos, porque os livravam da responsabilidade de emprestar a parentes, vizinhos e amigos. Diferentemente do que ocorria com agiotas, a atividade de crédito exercida pelas mulheres *wolof* não era percebida como tendo características de exploração, embora as taxas de juros fossem bastante altas. Essas mulheres eram vistas como sendo também pobres e passando pelo mesmo tipo de dificuldades que todos os demais. Ao oferecer uma mercadoria tão escassa quanto o crédito nos meios rurais do Senegal, as mulheres *wolof* eram vistas como proporcionando um bem desejado e difícil, de tal modo que o acesso a ele justificava a cobrança de altos juros. Além disso, embora as taxas de juros cobradas fossem de 120% ao ano (contra 30% ao ano na tomada de empréstimos dos bancos comunitários), eram preferíveis às antigas taxas de 533% ao ano (ou 200% a cada 4,5 meses) cobradas pelos fazendeiros ricos. Era ainda preferível recorrer a essas mulheres do que se ver forçado a vender seu arado para recomprá-lo meses depois com ágio de 300 a 400%.

Exemplo 2: O programa de microfinanças para as mulheres de Banaue, Filipinas[146]

A província de Ifugao encontrava-se em uma região montanhosa das Filipinas, onde a principal atividade econômica era a agricultura de subsistência de arroz. Considerada a segunda província mais pobre do país, Ifugao tinha 78% da sua população concentrada na agricultura e 27%, em serviços. A comunidade de Banaue era situada em uma parte de Ifugao onde, devido à altitude, só era possível uma única colheita de arroz ao ano. Por esse motivo, a maior parte das famílias, para sobreviver, via-se obrigada a desenvolver outras atividades, entre as quais se salientava o artesanato.

A cultura da região de Ifugao apresentava algumas características bastante peculiares, entre elas uma quase igualdade entre os sexos, o que

[146] Adaptado de Milgram, B.L. Operationalizing microfinance: women and craftwork in Ifugao, Upland Phillipines. **Human Organization**, 60 (3) :212-224, 2001.

permitia às mulheres desenvolver atividades empresariais, tanto de artesanato quanto de comércio e serviços. No entanto, as diferenças entre as próprias mulheres podiam ser mais significativas do que aquelas entre os dois sexos, dependendo de fatores como classe social e instrução.

Em 1988, foi criada uma IMF governamental para atuar na área de microcrédito, oferecendo empréstimos a taxas de juros de 15% ao ano, comparativamente com as taxas de 120% praticadas pelos agiotas locais, ou com as de 25% do setor bancário formal, a que a maior parte dos residentes de Ifugao não tinha acesso.

A metodologia utilizada consistia da formação de grupos solidários de cinco a 15 membros da comunidade, que tivessem laços de amizade e confiança entre si. Cada grupo fazia uma poupança conjunta durante um período de quatro a seis meses, além de adquirir conhecimentos sobre saúde e educação. Nesse período, o tesoureiro do grupo recebia treinamento para fazer os registros contábeis. Tendo passado em um teste, o grupo estava apto a solicitar um empréstimo à IMF através de bancos afiliados, passando a depositar nesse banco a sua poupança, que funcionava como garantia de pagamento. Os empréstimos iniciais eram de US$ 100, aumentando posteriormente para US$ 400, que podiam ser pagos em 50 prestações semanais, tendo início na semana seguinte. Os membros do grupo podiam obter pequenos empréstimos do grupo, baseados na poupança conjunta. Os pagamentos eram feitos em data marcada a agentes que visitavam os domicílios dos participantes. A IMF estimulava os participantes a desenvolver outros negócios além daqueles em que já obtinham a sua renda diária, com vistas a permitir pequenos pagamentos semanais regulares.

As mulheres de Banaue exerciam basicamente três tipos de atividade, além da agricultura do arroz: artesanato, produção de comida típica para venda local e operação de pequenas lojas de alimentos. A maioria das mulheres de Banaue que receberam os primeiros empréstimos da IMF aplicou o dinheiro em negócios em andamento ou em negócios correlatos.

As artesãs utilizavam o período entre colheitas para elaborar as suas peças de artesanato. No restante do tempo, trabalhavam nas fazendas, plantando e colhendo. Além disso, ocupavam-se da família e da casa. Algumas mulheres artesãs de Banaue consideravam que seu volume de trabalho diário havia aumentado sensivelmente, depois de terem obtido o empréstimo do Cecap. Para fazer face à necessidade de gerar receita extra para pagar o empréstimo, essas mulheres, muitas vezes, na época em que tinham que trabalhar no campo, deixavam os filhos mais velhos cuidando da pequena lojinha de artesanato, situada no próprio domicílio, cujos produtos haviam sido elaborados durante o período de entressafra e que eram, tipicamente, peças de madeira e cestos de palha.

Outro problema vivido pelas artesãs era o crédito a clientes. O trabalho das artesãs de Banaue era vendido a turistas filipinos e estrangeiros que visitavam a região e a intermediários de artesanato que levavam os produtos a outras áreas do país ou do mundo. Esses intermediários não pagavam regularmente e muito menos semanalmente, pois dependiam do pagamento que lhes era feito pelos compradores em Manila, capital das Filipinas, para, por sua vez, poderem pagar às mulheres artesãs. O próprio turismo era sazonal.

Muitas mulheres preparavam comidas típicas que vendiam como ambulantes ou em pequenas lojas à beira da estrada. Seu mercado era restrito a pessoas que moravam na área e a pequenos comerciantes. Os clientes locais, que eram conhecidos, parentes ou amigos, também não pagavam as suas compras à vista. Isso implicava necessidades adicionais de capital de giro para sustentar o negócio. Por outro lado, se a pessoa não concedesse o crédito ao cliente, como era de praxe na região, corria o risco de perdê-lo para um concorrente. A possibilidade de levar seus produtos a outras regiões, ampliando o mercado, não era possível, por serem desconhecidas as técnicas de preservação e embalagem de alimentos. Assim, as mulheres de Benaue ficavam impedidas de levar as especialidades de Ifugao a outras áreas do país. Essas mulheres também indicavam que, com os empréstimos, a sua carga diária de trabalho havia aumentado. Algumas mulheres recorriam a seus maridos para poderem fazer os pagamentos semanais do empréstimo, quando eles dispunham de fonte de renda que lhes permitisse uma retirada semanal.

Um problema adicional referia-se à hierarquia que se estabelecia informalmente dentro dos grupos, refletindo a diferente situação social de seus membros, o que causava freqüentemente problemas, levando, inclusive, à saída de alguns. Em um grupo, por exemplo, uma das mulheres tinha um comércio de artesanato e intermediava o trabalho dos outros membros do grupo. À medida que o grupo se consolidava, ela passava a dispor de maior volume de artesanato para colocar no mercado, expandindo seu negócio, mas essa situação não se revertia necessariamente em benefícios para os demais membros do grupo. Alguns deles passaram a sentir-se incomodados, ameaçando deixar o grupo.

Como resultado dessas dificuldades, a maior parte dos microempreendimentos fracassava em um prazo de seis meses. As mulheres mais bem-sucedidas eram aquelas que já dispunham de um microempreendimento anterior à formação do grupo, particularmente aquelas que produziam comidas típicas locais e que operavam pequenas mercearias, pois geravam fundos semanais suficientes para pagar os empréstimos. Além disso, as microempreendedoras mais pobres hesitavam em solicitar empréstimos, considerando que a renda adicional gerada poderia ser insuficiente ou demasiado irregular para cobrir os compromissos semanais.

Os dirigentes da IMF estavam preocupados com o alto nível de inadimplência de microempreendimentos dirigidos por mulheres na comunidade de Banaue e em outras comunidades da região de Ifugao. De fato, a taxa mensal de pagamento de empréstimos encontrava-se em torno de 62%, muito aquém do objetivo de 95% estabelecido para o programa. O índice de fracasso dos microempreendimentos na região era, além disso, muito elevado.

Entender o cliente: ponto de partida para as IMFs

Os dois exemplos anteriores ilustram como o conhecimento do comportamento dos usuários poderia ter ajudado as IMFs a desenvolver uma estratégia adequada. No caso do Senegal, a oferta de microcrédito pela ONG serviu apenas para criar um intermediário, com juros mais elevados, sem, necessariamente, estimular o microempreendedorismo ou contribuir para a redução da pobreza. No caso das Filipinas, a falta de compreensão dos processos de estratificação social podem ter prejudicado a atuação da IMF. Elabora-se, a seguir, um pouco mais sobre o tema.

Todo esforço de *marketing* parte da existência de necessidades manifestadas por clientes atuais e potenciais de uma organização, seja ela lucrativa ou não. A identificação e a compreensão do complexo emaranhado de necessidades tornam bastante difícil a tarefa daqueles que tomam decisões de *marketing*.

As necessidades humanas foram classificadas por Maslow, segundo uma hierarquia a que o ser humano buscaria satisfazer. À medida que as necessidades de nível mais básico fossem satisfeitas, buscar-se-ia satisfazer as de nível imediatamente superior e assim por diante. São cinco as categorias de necessidades propostas por Maslow:

- fisiológicas – referem-se ao que é necessário à manutenção da vida e da saúde, manifestando-se através de sensações como fome, sede e sono;
- de segurança – compreendem o que é necessário para a segurança física e mental do indivíduo;
- de participação e afeição – consistem nas necessidades de pertinência, amor, companheirismo e sexualidade;
- de estima – incluem tanto os sentimentos de auto-estima quanto a aprovação externa, que pode ser expressa em busca de prestígio, reputação e *status* social;
- de auto-realização – representam os anseios do indivíduo no sentido de realizar plenamente todo o seu potencial.

Em pesquisa posterior, Maslow acrescentou uma sexta necessidade:

- de autotranscendência – incluem as necessidades de integração do indivíduo à comunidade, de seu afastamento dos interesses individuais em benefício da totalidade social.

Outras classificações de necessidades humanas existem, mas essa é, em geral, a mais adotada pelos estudiosos do *marketing*. No entanto, é freqüentemente objeto de críticas, particularmente no que se refere à ordem hierárquica. Segundo seus críticos, dependendo da cultura em que o indivíduo se encontra inserido, a ordem das necessidades poderia variar. De qualquer modo, o esquema de Maslow é útil para nos ajudar a pensar as necessidades humanas.

De forma geral, os produtos e serviços atendem a uma ou mais dessas necessidades, que adquirem matizes específicos. De fato, enquanto produtos e serviços são desenvolvidos tipicamente para atender a necessidades funcionais, consumidores e usuários tendem a fazer uma leitura simbólica desses mesmos bens, associando-os a necessidades de ordem superior.

Um exemplo pode ajudar a entender a questão. Os automóveis surgiram para atender a uma necessidade individual de transporte de forma melhor do que os meios anteriormente existentes, como cavalos e carruagens. No entanto, os compradores de automóveis buscam nesse produto não só o atendimento da sua necessidade individual de transporte, como também de outras necessidades, tais como *status* e reconhecimento social. Os fabricantes, por sua vez, conscientes do significado simbólico que o automóvel adquiriu na sociedade moderna, buscam desenvolver veículos com características diferenciadas e apelos simbólicos, de modo a atrair grupos específicos de consumidores no mercado.

Da mesma forma que o automóvel, praticamente todos os produtos e serviços têm algum significado simbólico, que, muitas vezes, supera seu significado funcional. Por exemplo, um milionário adquire uma biblioteca particular para a sua residência, não porque deseje ampliar seus conhecimentos através da leitura dos livros que adquiriu, mas porque a existência da biblioteca pode descortinar, àqueles que o visitam, o *status* intelectual a que aspira.

O significado simbólico da aquisição de bens e serviços deve estar sempre presente na mente dos que tomam decisões de *marketing*, mesmo quando os clientes são pessoas de baixo poder aquisitivo que, teoricamente, deveriam estar preocupados em atender as suas necessidades básicas, ligadas à sobrevivência. Esse é sem dúvida o caso dos clientes de microfinanças. Como qualquer outro consumidor ou usuário, esses indivíduos buscam atender da melhor forma possível ao conjunto de necessidades a que se fez inicialmente referência.

O caso das mulheres da etnia *wolof* ilustra de forma dramática como as necessidades dos clientes de microcrédito foram mal-entendidas. Ao ofertar crédito, a ONG pretendia oferecer uma oportunidade de satisfazer as necessidades de segurança, por permitir uma expansão dos micronegócios das mulheres *wolof*. No entanto, o crédito obtido serviu para atender às necessidades de participação e de autoestima, tornando-se a mulher fonte de recursos para outros membros da comunidade, aumentando assim a sua influência social e o seu prestígio na comunidade. Fica claro que a ONG não entendeu a hierarquia de atividades na vida da mulher *wolof* e os significados por ela atribuídos ao dinheiro, ao micronegócio, às relações familiares e às relações com outros membros da comunidade.

No caso das mulheres de Banaue, o empréstimo claramente significava problemas adicionais em suas vidas. As obrigações adquiridas com o empréstimo significavam trabalho adicional, de modo a gerar receita extra para fazer os pagamentos. As horas extras trabalhadas tinham de ser retiradas de outras atividades, reduzindo o trabalho no campo e sobrecarregando outros membros da família, ou do aumento da carga de trabalho das crianças e a sua incorporação mais cedo às atividades produtivas. Eventualmente, a incapacidade de fazer os pagamentos podia reduzir o limitado orçamento familiar com novas obrigações, recorrendo a mulher ao marido para tal.

As mulheres de Banaue, em sua maioria, não apresentavam o perfil típico do empreendedor, mas pareciam ter, no pequeno negócio, apenas uma fonte adicional de subsistência para a família. Parecia haver, porém, na comunidade, mulheres com perfil empreendedor. Embora os motivos creditados a seu sucesso (e insucesso de outros membros do grupo) fossem as diferenças sociais, é claro que a motivação empreendedora diferia entre algumas e outras mulheres na comunidade.

Parte dos problemas vividos por essas IMFs pode ser atribuída à confusão existente entre o que é um microempreendedor e um indivíduo que trabalha por conta própria. Embora as características da atividade exercida possam ser exatamente as mesmas, o espírito empreendedor pode não estar presente em todos os que exercem atividades autônomas, pois podem ter sido levados a tal simplesmente pela ausência de outras oportunidades de auto-sustento.

No caso específico de mulheres que têm algum micronegócio doméstico – alvo preferencial das IMFs – a hipótese freqüentemente formulada, de forma implícita, é de que ela deseja expandir o negócio, o que lhe permitiria maior autonomia com relação ao sistema familiar. Ora, essas hipóteses são fortemente etnocêntricas, baseando-se em premissas existentes em culturas ocidentais, particularmente a norte-americana. Ao contrário, o trabalho feminino é realizado para ganho adicional – e secundário – da família, sem prejudicar a tarefa principal, que é a de criar os filhos e cuidar do lar, sem ameaçar a posição masculina. Não existem evidências, *a priori*, de que mulheres de outras culturas partilhem o desejo de autonomia da mulher ocidental ou que anseiem por ampliar seus micronegócios.

No caso brasileiro, a confusão entre o microempreendedor e o indivíduo que trabalha por conta própria também parece existir. Assume-se que todo aquele que exerce atividade autônoma é um empreendedor, não se admitindo que alguém, apenas por falta de alternativas de emprego, seja forçado a sobreviver trabalhando por conta própria. E mais, que esse alguém deseje, mais do que expandir o seu negócio – o que pode ser visto como inseguro e arriscado – obter um bom emprego, de "carteira assinada".

O mito do empreendedor, nas sociedades capitalistas, está associado ao desejo de expansão e conquista. Se as oportunidades se apresentarem, o empreendedor irá explorá-las, desenvolvendo e ampliando seu negócio. A partir dessa crença, ao disponibilizar crédito para o microempreendedor, as IMFs estariam indo ao encontro de uma necessidade não atendida por recursos para expansão do negócio, uma vez que esse microempreendedor não teria acesso a instituições financeiras usuais. Uma vez resolvido o problema de acesso ao crédito, essas pessoas expandiriam seus negócios, superando assim o círculo vicioso da pobreza.

Há evidentemente um erro nesse pressuposto quanto ao comportamento empreendedor, em torno do qual atuam muitas IMFs. O ponto que se deseja enfatizar aqui é o de que não necessariamente esses indivíduos – muitas vezes incorretamente classificados como microempreendedores – pretendem efetivamente expandir seu negócio. Daí deriva, possivelmente, a dificuldade vivida por muitas dessas instituições no Brasil, e é uma possível explicação parcial para os baixos números de empréstimos concedidos nos programas de microcrédito.

DESENVOLVENDO ESTUDOS DE MERCADO

O desenvolvimento de estudos de mercado é uma das formas pelas quais uma IMF pode melhorar seu conhecimento dos clientes. O conhecimento dos clientes é uma obrigação de qualquer organização, seja ela uma empresa ou uma organização não-lucrativa, como hospitais públicos, museus ou fundações. Apenas através do conhecimento profundo de seus clientes, a organização pode cumprir a sua missão, que é, em última análise, satisfazê-los.

A pesquisa de *marketing* permite à organização chegar a esse conhecimento, através do uso de um conjunto de métodos e técnicas de coleta e análise de dados. Usando a pesquisa de *marketing*, o gerente pode tomar decisões mais rápidas, mais eficazes e de menor custo.

Uma das questões que se apresenta ao administrador de uma organização de microcrédito, ao considerar a realização de uma pesquisa de mercado, é se deve realizá-la internamente ou contratar um instituto de pesquisa para tal. De modo geral, as IMFs não dispõem de pessoas qualificadas para realizar internamente os tipos de pesquisa mais complexos, embora possam executar algumas atividades de pesquisa mais simples, como coleta de dados de clientes ou pesquisa de concorrentes.

Quando se torna necessário realizar pesquisas com fornecedores externos, os custos podem se tornar muito elevados, inviabilizando a realização do estudo. Algumas sugestões para reduzir o custo da pesquisa incluem a parceria com universidades, órgãos governamentais e não-governamentais voltados para o atendimento desse público. Também podem ser utilizados consultores independentes, ou, se houver recursos para tal, empresas especializadas.

Há inúmeros tipos de pesquisa que podem ser realizados, e dividem-se em dois grandes grupos: os estudos quantitativos e os qualitativos. As pesquisas quantitativas, também chamadas comumente de enquetes ou levantamentos, são muito usadas por todos os tipos de organizações, privadas ou públicas, com ou sem fins lucrativos. Seus objetivos são, tipicamente, descrever e mensurar um dado mercado ou segmento. São inumeráveis os tipos de pesquisa quantitativa que se podem realizar. Alguns dos exemplos mais típicos de pesquisas realizadas por organizações de microcrédito são os seguintes:

- *Pesquisa de clientes*: para descrever os clientes, as suas características demográficas (por exemplo, idade, sexo, renda); as características da sua atividade econômica (por exemplo, receita obtida da atividade, tempo na atividade, fluxo de caixa, despesas, necessidades de capital fixo, etc); as suas necessidades de crédito (valor desejado, capacidade de pagamento, garantias, etc.)
- *Pesquisa de potencial de mercado*: para avaliar o potencial de mercado de dada região, determinando quantos microempreendedores existem na área, quais as suas necessidades de crédito, que tipo de acesso ao crédito têm, etc.
- *Pesquisa para desenvolvimento de produto*: para identificar características desejadas em produtos e serviços associadas a necessidades específicas de segmentos do mercado.
- *Pesquisa de concorrência*: quais são os concorrentes que atuam na área, qual o volume das suas carteiras, quantos clientes atendem, quais as taxas que praticam, que tipo de divulgação fazem, etc.

Já as pesquisas qualitativas buscam obter um entendimento mais profundo dos processos psicológicos, sociais e culturais que estão associados ao uso do crédito. São muito úteis quando se deseja compreender as motivações, barreiras, resistências e influências sociais no processo de "compra" de microcrédito. As mais comuns são as seguintes:

- *Grupos de foco:* são grupos de pessoas com perfil semelhante, convidadas para uma reunião em que se discutem temas específicos sob a orientação de um moderador especialmente treinado para esse fim, geralmente com formação em Psicologia. Busca determinar opiniões, percepções e atitudes dos respondentes.
- *Entrevistas etnográficas*: são entrevistas em profundidade com elementos da comunidade, combinadas com métodos de observação, geralmente conduzidas por pessoas com formação em Antropologia ou Sociologia. Buscam entender a dinâmica social, com o propósito de auxiliar a definição de uma estratégia de entrada na comunidade.

O exemplo a seguir mostra as dificuldades de decisão quanto ao tipo de pesquisa por uma ONG boliviana atuante em microcrédito.

Exemplo 3: Decisão de tipo de pesquisa por uma IMF boliviana[147]

A *Fundación para la Promoción y Desarrollo de las Microempresas* (Prodem) era uma organização não-governamental boliviana, que atuava no setor de microfinanças. Por volta de 1992, a partir de uma série de considerações estratégicas, a direção da Prodem tomou a decisão de modificar seu foco de atuação, dos microempreendedores urbanos para os microprodutores rurais. Para implementar essa decisão, a Prodem vendeu a maior parte de suas agências urbanas ao BancoSol, um banco comercial de microfinanças que ajudara a criar, transferindo-lhe uma base de 14.300 clientes e uma carteira de US$ 4 milhões. Tendo realizado esse movimento estratégico, a Prodem defrontou-se com o desafio de ampliar a sua base atual de clientes no segmento rural.

[147] Extraído e adaptado de Lee, Nanci. *Client-based market research*: the case of Prodem. *Calmeadow,* 2000.

Não se tratava, porém, de um desafio trivial dada a crescente competição de instituições atuando no setor de microfinanças na área rural da Bolívia. Além disso, a Prodem vinha sofrendo uma perda contínua de clientes rurais, provavelmente atraídos pelas ofertas de concorrentes. A direção da Prodem acreditava que essas perdas poderiam ser estancadas se a organização fosse capaz de desenvolver produtos e serviços que atendessem efetivamente às necessidades dos clientes rurais.

A Prodem utilizava uma série de fontes e métodos para as suas pesquisas de *marketing*. A combinação delas permitia melhor conhecimento dos clientes e de suas necessidades:

- *Cadastro de clientes*

  A Prodem dispunha de uma boa variedade de informações colhidas de seus clientes por ocasião do preenchimento de fichas para empréstimos e do acompanhamento de cada caso. Entre essas informações constavam dados relativos ao fluxo de caixa, ativos e poupança dos clientes.

- *Entrevistas com os agentes de crédito*

  O pessoal de *marketing* também realizava entrevistas com os agentes de crédito. Devido a seu contato direto e contínuo com os clientes e ao fato de serem oriundos das próprias comunidades em que trabalhavam, os agentes de crédito tinham profundo conhecimento do perfil e das necessidades dos clientes.

- *Pesquisa de clientes*

  Essas pesquisas eram realizadas eventualmente (uma fora feita em 1995, outra em 1997, e a última em 1999). Utilizavam amostras representativas de clientes e buscavam identificar oportunidades de desenvolvimento de novos produtos e avaliar a satisfação dos clientes com os serviços prestados.

- *Grupos de foco e entrevistas de saída*

  Os grupos de foco eram utilizados para entender melhor os aspectos ligados à satisfação dos clientes. As entrevistas de saída, com ex-clientes, eram utilizadas para entender por que motivos os clientes haviam deixado de trabalhar com a Prodem, auxiliando a gerência a reduzir as taxas de perda de clientes.

◆ *Mapeamento de flutuações no fluxo de caixa*

Por trabalhar fundamentalmente com produtores rurais envolvidos com diferentes tipos de safras, era importante entender as flutuações nos fluxos de caixa dos clientes. Isso permitia estabelecer os calendários de pagamento dos empréstimos.

◆ *Análise do subsetor*

Utilizando entrevistas com pessoas conhecedoras do assunto, a Prodem procurava conhecer os subsetores em que seus clientes atuavam. A partir dessa análise, eram montados mapas mostrando como os clientes se relacionavam com os outros membros da cadeia de suprimento, desde o fornecedor ao microprodutor rural, incluindo produção, processamento e comercialização, até os mercados varejistas e de exportação. Eram feitas entrevistas com fornecedores, associações de produtores, distribuidores, transportadores, exportadores e produtores (clientes da Prodem).

A Prodem tinha uma parceria importante com a *Canadian International Development Agency* (Cida), que estava financiando um programa de desenvolvimento institucional da Prodem, com o apoio técnico de consultores da *Calmeadow*, tendo, como propósito, dar suporte à elaboração de uma metodologia para microcrédito rural. Para conhecer melhor as necessidades do segmento rural, decidiu realizar um estudo de mercado, financiado pela Cida e conduzido tecnicamente pela *Calmeadow*.

A Prodem tinha dois objetivos em mente ao realizar o estudo: (1) fazer uma análise do impacto das ações por ela realizadas até o momento junto ao segmento rural; (2) determinar de que modo produtos e serviços poderiam ser desenvolvidos ou aprimorados para melhor atender às necessidades específicas dos microprodutores rurais.

Uma equipe composta por pessoal da *Calmeadow* e da Prodem ficou encarregada de desenvolver a metodologia a ser adotada no estudo.

Inicialmente, parecia viável, do ponto de vista operacional, realizar simultaneamente um estudo de medição de impacto e um de mercado. Ambos os estudos deveriam colher dados da mesma população. Além disso, muitas variáveis seriam as mesmas, tais como dados relativos a atividades, a necessidades financeiras, a ativos e a fluxo de caixa. Finalmente, um argumento importante a favor de coletar os dados para os dois estudos simultaneamente era a economia obtida.

No entanto, à medida que a equipe de pesquisa avançava na discussão das questões metodológicas, alguns problemas começaram a emergir, levando a questionar a viabilidade de atender aos dois objetivos propostos. O Quadro 1 apresenta as diferenças percebidas pela equipe *Calmeadow*/ Prodem entre os dois estudos.

Quadro 1

Diferenças entre Estudo de Impacto e Estudo de Mercado

Diferenças relativas a	*Estudo de Impacto*	*Estudo de Mercado*
Objetivos	Avaliar impacto.	Melhorar atuação.
Unidade de análise	Mudanças em variáveis individuais tais como renda, vendas, ativos.	Demandas do cliente quanto a ativos, exigibilidades, competição, oportunidades de mercado.
Foco	Clientes *vs* não-clientes.	Necessidades do cliente *vs* produtos e serviços oferecidos.
Audiência-alvo	Doadores de recursos.	Executivos da PRODEM.
Questão de pesquisa	Estamos melhorando a vida das pessoas?	Como os produtos, serviços e metodologias podem ser melhorados para atender às demandas dos clientes?
Métodos	Amostragem aleatória e Intencional.	Recordação, percepções, análise de demanda.

Fonte: Lee (2000)

As diferenças nos propósitos dos dois estudos pareciam levar a metodologias diferenciadas. Enquanto a análise de impacto voltava-se para o que ocorrera no passado, o estudo de mercado procurava captar o que fazer no futuro. Assim, o estudo de impacto necessitaria de dados históricos, de natureza quantitativa, para verificar se ocorreram mudanças; o estudo de mercado precisaria analisar percepções, atitudes e comportamentos dos clientes, para projetar novos produtos e serviços.

O estudo de impacto permitiria à Prodem avaliar em que medida as ações de microfinanças que vinha implementando tinham tido sucesso. Tipicamente, para realizar esse estudo, era preciso adotar uma metodologia que utilizasse amostragem probabilística voltada para grupos específicos de consumidores. Era preciso, além do mais, pesquisar tanto clientes quanto não-clientes para poder verificar se eventuais mudanças detectadas não se deveriam a aspectos ambientais, de natureza conjuntural ou estrutural. Por exemplo, uma melhoria de renda do cliente poderia dever-se a uma safra particularmente boa naquele ano ou ao surgimento de novos canais de distribuição para seus produtos, abertura de estradas ou aprimoramento dos meios de transporte, e não, especificamente, ser efeito de empréstimos concedidos pela Prodem.

Alguns argumentavam que o estudo de impacto era mais importante que o de mercado, ou que, pelo menos, deveria precedê-lo, pois dirigia-se à questão fundamental que precisava ser respondida: "Estamos melhorando a vida das pessoas?" Isso implicaria determinar, inclusive, se o crédito era efetivamente o fator necessário para produzir as mudanças desejadas. Assim, o estudo de impacto, ainda que voltado para o que ocorrera no passado, poderia ajudar a orientar ações futuras.

A pesquisadora e consultora Nanci Lee, da *Calmeadow*, concluiu que o estudo de mercado já assumira a existência de impacto:

> "A principal diferença entre os dois estudos é que um enfoque de pesquisa de mercado, até certo ponto, pressupõe impacto. Supõe-se, na pesquisa de mercado, que os clientes que retornam atribuem valor aos produtos e serviços. Compreender *como* e *até onde* o crédito teve impacto é menos importante do que trabalhar para melhorar o impacto. O fato de que eles voltaram como clientes e pagaram é suficiente para assumir que os cli-

entes atribuem alguma utilidade ou impacto ao crédito. Aqueles que não atribuem valor ou que deixaram o programa fizeram isso porque os serviços não foram adequadamente desenvolvidos para as suas necessidades."

Este exemplo ilustra a dificuldade de tomar decisões de pesquisa de mercado, evidenciando um problema comum enfrentado por qualquer organização, seja ela lucrativa ou não-lucrativa: a necessidade de restringir o escopo da pesquisa. Dados os custos altos envolvidos na realização de pesquisa de campo, é natural que os administradores sintam-se tentados a incluir em um estudo de *marketing* o maior número possível de informações. Em geral, porém, esta decisão afeta a qualidade do estudo, pois pode levar à utilização de metodologias conflitantes, ou, mesmo, a concessões metodológicas que prejudiquem os resultados obtidos. Neste sentido, as palavras finais da consultora, anteriormente citadas, indicam a necessidade de definir com clareza o que se pretende buscar e priorizar, que informações são mais importantes, de modo a não contaminar os resultados do estudo com enfoques antagônicos e objetivos conflitantes.

No caso do uso de pesquisa por organizações de microfinanças, a necessidade de priorizar e ater-se às questões mais relevantes é ainda maior, tendo em vista os recursos normalmente limitados de que dispõem estas instituições para realizar estudos de mercado. O principal critério a ser utilizado pelo administrador, neste caso, é a utilidade da informação para a tomada de decisão. Duas questões podem auxiliar o processo de definir o conteúdo da pesquisa de mercado:

- Uma vez obtidas estas informações, como elas poderão afetar as decisões a serem tomadas?

- Quais das informações desejadas são mais importantes, ou prioritárias, para as decisões futuras e o encaminhamento estratégico da organização?

Uma vez respondidas estas questões é que se pode definir com maior clareza os tipos de pesquisa mais adequados e os métodos a serem utilizados.

Aplicações de Pesquisa

Há inúmeros usos para as pesquisas de mercado que podem ser realizadas pelas IMFs. As pesquisas podem ser realizadas para dar subsídios à segmentação de mercado, oferecendo produtos financeiros mais adequados a cada grupo de usuários, segundo as suas necessidades e o seu perfil demográfico. Podem ainda ser utilizadas para melhorar a comunicação com o público-alvo, ajudando a definir tanto o conteúdo da comunicação (o que comunicar) quanto os veículos a serem utilizados.

Apresentam-se, a seguir, três exemplos interessantes de pesquisas sobre o mercado brasileiro de microfinanças. O primeiro mostra uma pesquisa realizada pela DAI para o Banco Nacional de Desenvolvimento Econômico e Social – BNDES: envolve um estudo qualitativo sobre como os brasileiros de baixa renda lidam com o crédito, desde as necessidades que se apresentam até as soluções encontradas. O segundo mostra o perfil dos clientes do CrediAmigo, construído a partir de uma pesquisa de clientes. O terceiro ilustra a realização de pesquisa de mercado para melhorar a divulgação dos serviços prestados por uma IMF brasileira.

Exemplo 4: Estudo qualitativo em comunidades das Cidades de São Paulo e de Recife para conhecer as necessidades de crédito[148]

Este exemplo trata da pesquisa realizada por Brusky e Fortuna em comunidades pobres das cidades de São Paulo e de Recife.

O estudo mostrou claramente a importância do crédito para pessoas de baixa renda no Brasil. Um dos elementos-chave identifica-

[148] Brusky, B. e Fortuna, J.P. *Entendendo a demanda para as microfinanças no Brasil: um estudo qualitativo de duas cidades.* Rio de Janeiro, PDI/BNDES, 2002.

dos foi a importância de ter o "nome limpo", uma preocupação central na vida destas pessoas quando a questão era crédito. A importância do "nome limpo" estava associada ao impacto negativo de seu oposto: ter o "nome sujo". Aqueles que tinham "nome sujo" viam-se impedidos "de realizar qualquer operação de crédito formal", passando a "viver uma situação de semimarginalidade, excluído de uma série de atividades do universo econômico-financeiro"[149].

Eram exatamente os riscos associados a ter o "nome sujo" que levavam os brasileiros de baixa renda a relutar em se endividar: o risco de não poder fazer face à obrigação contraída parecia excessivo para nele se incorrer. Nesse sentido, a escolha acabava sendo, muitas vezes, a de evitar o empréstimo, apesar dos benefícios que dele poderiam ser derivados. A forma como essas populações percebiam as diferenças entre crédito e empréstimo foram claramente evidenciadas pelo estudo[150]:

> A distinção entre crédito e empréstimo no uso coloquial das populações de baixa renda é de fundamental importância para o entendimento de suas relações com as finanças. Crédito refere-se quase que exclusivamente ao processo de compra e venda de um determinado bem com o uso de um plano de prestações. O empréstimo é considerado como uma forma de financiamento que envolve a transferência de dinheiro do emprestador para o tomador... Em geral, empréstimos são vistos como soluções para enfrentar emergências ou problemas mais graves. Procurar um empréstimo é admitir a impossibilidade de lidar com uma situação momentosa apenas com os próprios recursos. O uso do crédito carrega um peso psicológico bem mais leve: é uma opção que simplifica a aquisição de bens ou de serviços... Comprar parcelado é parte do dia-a-dia, o risco que carrega consigo não tem nada de extraordinário.

Outro achado relevante do estudo refere-se a como esses brasileiros de baixa renda lidavam com poupança. Detectou-se, na pesqui-

149 Ibidem, p.43.

150 Ibidem, p.43.

sa, a existência de comportamentos que dificultavam a poupança. De forma geral, as pessoas consideravam sua renda insuficiente para que pudessem poupar. No entanto, eram capazes de separar, todos os meses, dinheiro suficiente para pagar as prestações, ou para pagar o cartão de crédito, o que se constituía em uma espécie de "poupança inversada". Os autores interpretaram que, aparentemente, essas pessoas "não consideram que os benefícios trazidos pela poupança justifiquem os sacrifícios necessários para construí-la". Em outras palavras, "...construir uma poupança requer tempo, não produz uma gratificação imediata"[151] .

> Os brasileiros de baixa renda entrevistados costumavam ainda recorrer a parentes e amigos para pequenos empréstimos, geralmente por poucos dias, uma vez que o fôlego financeiro dessas pessoas era também limitado. Embora essas pessoas fossem as primeiras às quais recorriam, a pesquisa detectou também sentimentos ambíguos com relação a esses empréstimos. As pessoas entrevistadas temiam não ser possível pagar na data combinada, assim como se sentiam pouco à vontade com a possibilidade de eventual recusa do pedido de empréstimo.

Outra modalidade interessante de crédito, entre os entrevistados, era a venda "fiado". Esse tipo de venda também envolvia um relacionamento entre comprador e vendedor, sendo regido por uma relação de confiança. Não havia documentos envolvidos, mas as pessoas tendiam a liquidar suas dívidas para "preservar seu bom nome" e não perder o crédito, pois ele se constituía no "último limite entre a cidadania e a marginalidade".[152]

Quanto ao crédito formal, ele só se encontrava acessível para alguns, podendo exigir um avalista. O avalista, indicado pelo devedor, era geralmente uma pessoa das suas relações de amizade ou de parentesco. A relação com o avalista era complexa, porque envolvia não só a dívida em si, que o avalista garantia, mas também um favor. Os autores observaram:

---

[151] Brusky e Fortuna, *op.cit.*, p.29.

[152] Brusky e Fortuna, *op.cit.*., p.23.

> Ser avalista é prestar um favor. Conseguir um avalista significa ficar duplamente devedor: do empréstimo que está sendo concedido e do favor prestado pelo avalista. A dependência ao avalista não se limita ao prazo até a liquidação do empréstimo. Ao contrário, permanece por tempo indefinido, até que o favor seja pago, por favor semelhante.[153]

Tanto no caso de agiotas quanto no de instituições financeiras, o peso da obrigação era, porém, visto de forma distinta, isento dos aspectos relacionais, visto como "mal necessário". A relação com o agiota se iniciava com o empréstimo e esgotava-se com o pagamento da dívida. A relação com as instituições financeiras em geral assumia características semelhantes.

O Quadro 2 mostra as necessidades financeiras associadas a emergências, acontecimentos do ciclo da vida, oportunidades e eventos sazonais das populações de baixa renda, além dos mecanismos utilizados para satisfazer essas necessidades, conforme relata o estudo.

[153] Brusky e Fortuna, *op.cit.*., p.26.

Quadro 2

Necessidades Financeiras e Mecanismos de Satisfação de Populações de Baixa Renda no Brasil

Eventos		Baixíssima Renda	Baixa renda	Médio-baixa Renda
Emergências	Doença Gastos Médicos	parente agiota fiado venda de bens	parente empregador venda de bens financeira agiota	parente linha de crédito no banco empréstimo no cartão
Eventos do ciclo de vida	Morte	lista na vizinhança parentes financiamento na funerária	parentes financiamento na funerária agiota seguros	parentes financiamento na funerária empréstimo no cartão linha de crédito no banco
	Casamento	poupança	poupança parentes	poupança parentes crediário empréstimo bancário
	Outras festas	poupança crediário dos outros fiado	poupança crediário	poupança crediário
Oportunidades	Reforma da casa	empréstimo do empregador crediário dos outros sorteio	empréstimo do empregador caixinha empréstimo bancário	empréstimo bancário caixinha
	Educação	uso não identificado	parentes	parentes empréstimo bancário
	Iniciar negócio	uso não identificado	indenização de emprego anterior	indenização de emprego anterior
	Ampliar negócio	uso não identificado	crediário cartão de crédito cheque agiota empréstimo IMF sorteio	crediário empréstimo bancário cartão de crédito cheque empréstimo IMF sorteio
Eventos Sazonais	Final do ano	crediário dos outros fiado	crediário caixinha	crediário caixinha cheque pré cheque especial cartão linha de crédito no banco
	Carnaval e São João	fiado parentes	crediário parentes	cartão cheque pré
	Impostos	uso não identificado	uso não identificado	pagamento em parcelas
	Material escolar	parentes	crediário cheque pré	crediário cheque pré cartão

Fonte: Brusky e Fortuna (2002).

A relação das camadas de baixa renda com o crédito era, como se evidenciou no estudo, ambígua. Isso não é, aliás, uma peculiaridade brasileira: em alemão, o mesmo termo é utilizado para designar "crédito" e "culpa"[154]. Assim, as IMFs, ao desenvolverem seus produtos e serviços, devem dar especial atenção a como lidar com este problema que, claramente, pode comprometer a expansão das suas operações.

O estudo de Brusky e Fortuna, utilizando métodos de pesquisa qualitativa, traça um interessante panorama de como as classes mais pobres vêem o crédito no Brasil, constituindo-se em uma referência para todos os que desejam entender melhor o usuário pobre de serviços financeiros no país.

Outro exemplo de uso de pesquisa de mercado para entendimento dos clientes de microcrédito pode ser visto no trabalho desenvolvido por uma IMF atuante no Sul do Brasil. Neste caso, trata-se de uma aplicação de pesquisa quantitativa, utilizando o método da enquete ou *survey*.

Exemplo 5: Estudo quantitativo sobre comunicação na cidade de Porto Alegre[155]

A diretoria de uma IMF atuante no Sul do Brasil preocupava-se em direcionar o melhor possível os seus investimentos em divulgação, em particular no que se referia ao conteúdo da mensagem e aos meios de comunicação a serem utilizados. Como os recursos para comunicação eram escassos e uma instituição de microfinanças devia ter uma preocupação permanente com o controle de custos, che-

---

[154] Conforme Hawkins, D.I.; Best, R.J.; Coney, K.A. *Consumer behavior: implications for marketing strategy*. Chicago, Irwin, 1995.

[155] Esse exemplo foi colhido no relatório de pesquisa de mercado "Pesquisa sobre hábitos e consumo de comunicação dos clientes atuais e potenciais na cidade de Porto Alegre", preparado por uma empresa de consultoria de *marketing* para uma IMF.

gou-se à conclusão de que era necessário conhecer melhor os hábitos e o perfil de consumo de comunicação dos clientes atuais e potenciais, para otimizar os investimentos em divulgação.

Para tal, foi contratada, em 1999, uma empresa de consultoria de *marketing*, para realização de uma pesquisa de mercado que pudesse permitir à IMF conhecer melhor o comportamento de seu mercado no que se referia à comunicação. Foram traçados os seguintes objetivos específicos para o estudo:

- investigar os hábitos de lazer do público-alvo;
- avaliar o conceito do serviço e das suas modalidades de comunicação na opinião do referido público;
- comparar a percepção desse público quanto à IMF e à concorrência;
- identificar as expectativas desse público quanto ao serviço e a sua percepção quanto às formas de comunicação utilizadas;
- identificar veículos, programas, ações de comunicação e mensagens normalmente aceitas pelo público investigado.

A pesquisa foi realizada em duas etapas. A primeira etapa teve caráter qualitativo, consistindo de entrevistas em profundidade com executivos que trabalhavam nas áreas de *marketing*, comunicação e vendas da IMF, e com dez clientes, com o propósito de obter subsídios que permitissem montar os questionários estruturados a serem utilizados na segunda etapa do projeto. Na segunda etapa, os questionários foram aplicados a duas amostras de empreendedores, clientes ativos e clientes potenciais da IMF, na cidade de Porto Alegre.

Foram feitas entrevistas pessoais com 100 clientes ativos, selecionados através de amostragem probabilística sistemática, utilizando o cadastro de clientes da instituição. Outros 100 clientes potenciais foram entrevistados, envolvendo entrevistas por interceptação e visitas a estabelecimentos comerciais, mesclando-se uma abordagem probabilística sistemática, através de consulta a cadastros, e uma abordagem nãoprobabilística por quotas. Foram utilizados os seguintes critérios de filtragem para a escolha da amostra final de clientes potenciais:

- não ser cliente da IMF;
- executar trabalho por conta própria há mais de seis meses;
- dispor de patrimônio não superior a R$ 50.000,00;
- exercer a atividade econômica no município;
- ter empreendimento com, no máximo, dez funcionários por turno.

Os resultados obtidos foram bastante interessantes, sendo úteis à IMF para conhecer melhor seu público-alvo e traçar as diretrizes gerais de comunicação.

Os clientes ativos da IMF encontravam-se equilibrados quanto ao sexo. Cerca de 10% tinham menos de 30 anos, e quase 6% tinham mais de 60 anos. A maioria (84%) encontrava-se na faixa de 30 a 60 anos. Apenas 7% atuavam na indústria, com 39% no setor de serviços e 54% no comércio. A maior freqüência (34%) era de pessoas que exerciam a sua atividade há menos de cinco anos, e a média da amostra era de nove anos e cinco meses de atividade. Além do mais, a pesquisa indicou que os clientes da Portosol, em seus momentos de lazer, preferiam atividades com a família e ao ar livre. Apenas 27% indicaram participar de atividades comunitárias, sendo a maior freqüência para atividades religiosas (15%), seguidas por eventos comunitários (6%).

Quanto aos meios de comunicação utilizados para busca de informações, o mais utilizado era o jornal (52%), seguido pela TV (37%) e o rádio (11%). A freqüência de busca de informação era predominantemente diária (88% dos entrevistados). Foram obtidas ainda informações específicas sobre quais os jornais, emissoras de TV e de rádio, e programas preferidos pelos clientes ativos. Os horários mais comuns para busca de informação mencionados foram pela manhã (45%) e à noite (38%).

Eram os seguintes os fatores considerados mais importantes na escolha de uma instituição de crédito:

- juros baixos – 43%;
- atendimento – 29%;
- ausência de burocracia – 12%;
- idoneidade – 11%;
- rapidez – 3%;
- flexibilidade – 2%.

Indagados sobre onde considerariam tomar recursos emprestados, 92% indicou a própria IMF. A segunda instituição mais citada recebeu apenas 27% das menções. Quanto à lembrança de anúncios de concorrentes, 75% declararam lembrar-se de algum anúncio, citando como veículos mais utilizados pelos concorrentes a televisão (77% das menções); o jornal (28%) e o rádio (15%).

Solicitados a falar sobre a própria IMF, 53% declararam haver tomado conhecimento da existência da instituição através de indicação de amigos e conhecidos; 18% através de anúncio de jornal e 10% através de anúncio no rádio. Apenas 3% declararam haver conhecido a IMF através da visita de agentes de crédito. Cerca de 45% indicaram não ter conhecimento de qualquer esforço de divulgação da IMF.

Quanto aos aspectos mais positivos da própria IMF, a avaliação foi a seguinte:

- juros baixos – 33%;
- atendimento – 21%;
- rapidez – 20%;
- ausência de burocracia – 11%;
- idoneidade – 10%;
- flexibilidade – 4%;
- limite de crédito – 3%.

No total, 61% dos clientes avaliaram os serviços da IMF como excelentes; 34% como bons e 5% como regulares. Do total, 44% haviam recorrido apenas uma vez à mesma, 24% recorreram duas vezes, 23% três vezes e 7% quatro vezes. Apenas 3% dos clientes haviam utilizado os serviços seis ou mais vezes.

Já os clientes potenciais entrevistados tinham perfil um pouco distinto daquele obtido para os clientes ativos: 61% eram homens e 39% mulheres; 25% tinham menos de 30 anos e apenas 1% tinha mais de 60 anos, sendo a média de 38 anos e 2 meses. No entanto, da mesma forma que o cliente ativo, o cliente potencial mostrou ser alguém que, em momentos de lazer, buscava atividades em que estivesse em contato com a família e os amigos, preferencialmente ao ar livre. Apenas 28% declararam participar de atividades comunitárias, sendo 16% em igrejas e 4% em associações de bairro.

Quanto às formas de buscar informação, 58% indicaram o jornal, 29% a TV e 12% o rádio. A freqüência típica de busca de informação era diária (88% dos entrevistados). Foram mais uma vez obtidas informações específicas sobre quais eram os jornais, as emissoras de TV e de rádio, e os programas preferidos, aproximando-se bastante as preferências manifestadas pelos clientes potenciais daquelas indicadas pelos clientes ativos. Os horários mais comuns para busca de informação mencionados foram pela manhã (49%) e à noite (29%).

Perguntados sobre se teriam interesse em utilizar serviços de crédito, apenas 17% responderam afirmativamente. Esses entrevistados priorizaram os seguintes usos para os recursos que tomariam emprestado: melhoria de instalações, pagamento de dívidas, compra de equipamentos, abertura de ponto, compra de veículo e financiamento de capital de giro.

Quando indagados sobre em que instituição buscariam crédito, apenas 9% indicaram a própria IMF, *versus* 44% de menções para o primeiro indicado, uma instituição com forte presença na mídia televisiva.

Foram os seguintes os fatores considerados mais importantes na escolha de uma instituição de crédito:

- juros baixos – 57%;
- idoneidade – 13%;
- ausência de burocracia – 10%;
- atendimento – 9%;
- rapidez – 6%;
- flexibilidade – 3%;
- limite de crédito – 3%.

Quanto à lembrança de anúncios de concorrentes, a mesma percentagem dos clientes potenciais, 75%, declarou lembrar-se de algum anúncio. Os meios de divulgação percebidos como mais utilizados pelas instituições de crédito foram a indicação (42%), a TV (33%), o anúncio de jornal (25%) e o rádio (5%). Não houve citações relativas ao agente de crédito como instrumento de divulgação.

No que se refere à opinião dos clientes potenciais com relação à própria IMF, apenas 24% declararam conhecer a instituição, sendo 11% através de anúncio de jornal, 4% por indicação e 4% pela TV.

Os resultados obtidos mostraram um perfil distinto dos clientes ativos e potenciais, sugerindo a necessidade de um esforço de segmentação por parte da IMF. Por outro lado, a IMF mostrou-se pouco conhecida entre seus clientes potenciais, o que, por sua vez, convidava a um esforço maior de comunicação dirigido ao segmento específico para o qual fora realizada a pesquisa.

CONSIDERAÇÕES FINAIS

Não há dúvidas de que melhor conhecimento do comportamento dos usuários de microfinanças pode ser útil aos dirigentes das IMFs. Sob essa perspectiva, a adoção de instrumentos de *marketing*, em particular de pesquisa de mercado, é um imperativo para o adequado gerenciamento das IMFs.

Inúmeros tipos de pesquisa fazem parte do arsenal disponível ao dirigente. A adequação da pesquisa aos objetivos do estudo deve ser cuidadosamente pensada, para que os resultados possam ser úteis. Este capítulo procurou mostrar de que forma a pesquisa pode auxiliar a compreensão dos fenômenos de mercado pelos dirigentes de instituições de microfinanças.

Obter maior conhecimento do mercado é um imperativo para todos aqueles que buscam ampliar o mercado de crédito para microempreendedores. Questões como segmentação e escolha de mercado-alvo, vendas e comunicação fazem parte do dia-a-dia dos administradores de microfinanças e devem ser encaradas de forma profissional.

Para segmentar um mercado, é necessário conhecer as características dos clientes, suas peculiaridades e escolher os segmentos mais adequados para a atuação da IMF. Para desenvolver um programa eficaz de vendas também é necessário o entendimento das necessidades dos clientes e das barreiras à adoção dos produtos de microfinanças, além dos complexos sistemas sociais em que estes se encontram inseridos. O próprio desenvolvimento de produtos e serviços passa por este entendimento. O valor do empréstimo deve ser avaliado em função do perfil dos clientes, de suas necessidades e de seu potencial de pagamento. O padrão de pagamentos a ser adotado pode variar substancialmente de uma comunidade urbana para uma comunidade rural, em função dos ciclos de atividade econômica. Finalmente, a eficácia da comunicação dependerá, em grande parte, do uso dos canais adequados para atingir os clientes potenciais.

CAPÍTULO 9

RÓTULA: ESTUDO DE CASO

A Rótula S.A. era uma jovem IMF, atuando em mercados constituídos por cidades do interior do Brasil, na região Sudeste. A direção da Rótula tinha como meta atingir R$ 20 milhões de carteira de microcrédito em 2005. Esse número fora estabelecido quando do início das atividades da empresa, e o crescimento das vendas, verificado até 2002, permitia que seus gestores acreditassem que o mesmo seria alcançado, caso contrário esse mercado não seria interessante para os sócios da Rótula.

Essa crença era corroborada por uma pesquisa de mercado realizada pela empresa, em Leopoldina (MG), utilizando alunos de uma faculdade local. Foram realizadas 2.500 entrevistas em domicílios localizados em bairros proletários. Os resultados mostraram que 50% da amostra apresentava um perfil de cliente potencial de microcrédito, significando que o mercado para a Rótula parecia muito promissor.

Para crescer de forma mais sólida, mais rápida e com mais consistência, a direção da Rótula estava considerando, em 2002, a contratação de uma consultoria externa para trazer para a empresa uma cultura de microfinanças de instituições financeiras maiores que atuassem fora do Brasil nesse segmento.

A Empresa

A Rótula era uma IMF com fins lucrativos, criada por dez sócios em agosto de 1999, 25 dias após a regulamentação que dispunha sobre o funcionamento desse tipo de organização no País, por parte do Banco Central do Brasil, tendo sido aportado, nessa ocasião, um capital de R$ 100 mil reais por seus fundadores. Após sucessivos aumentos, cerca de dois anos depois, a Rótula contava com um capital de R$ 700 mil. A empresa fazia parte do Grupo Atenas, localizado na cidade de Leopoldina (MG), que atuava em vários segmentos do setor financeiro há nove anos. Essa inserção no Grupo foi um dos alavancadores dos negócios da Rótula, que passou a se beneficiar também da infra-estrutura tecnológica e gerencial instalada nas demais empresas, disponibilizada para o novo empreendimento.

A decisão de assumir a configuração jurídica de sociedade anônima teve como base tanto o número de sócios da nova empresa quanto o fato de já haver uma cultura de sociedade anônima na organização que deu origem à Rótula. Odilon Pereira Guerra Júnior, diretor da Rótula S.A. e um de seus sócios, declarou a respeito dessa decisão:

> Nós temos uma cultura de sociedade anônima, em função de a própria Atenas ser uma S.A. Além disso, nós temos outras empresas no Grupo que são S.A. Então, para nós não é um problema, não é nada que interfira no nosso modo de operar (...).

Operações

Em 2002, a empresa dispunha de diversos tipos de empréstimos para oferecer a seus clientes:

- empréstimo para crédito fixo;
- empréstimo para capital de giro;
- empréstimo para investimento; e
- desconto de recebíveis para capital de giro.

Além desses, a Rótula pretendia lançar a Conta Garantida a partir do momento em que o *software* de gerenciamento estivesse adaptado. Nessa modalidade de crédito, o cliente teria pré-aprovado um montante de empréstimo estabelecido entre ele e a Rótula. Esse empréstimo seria caucionado ou por recebíveis ou outro tipo de garantia, e o tomador apenas utilizaria o valor que necessitasse em determinados momentos, pagando os juros e os encargos referentes somente ao período em que os recursos fossem realmente utilizados.

Outro produto que a Rótula estava elaborando para lançar no mercado era o Seguro Premiado, que teria uma empresa de seguros como parceira. Seus gestores acreditavam que esse produto teria um atrativo muito grande para o público-alvo, gerando demanda para os demais produtos da empresa e garantindo que a Rótula receberia o principal dos empréstimos concedidos, na medida em que eles estariam segurados – o seu funcionamento era considerado muito simples: no período em que o tomador estivesse pagando o empréstimo, estaria concorrendo a um prêmio em torno de R$ 5 mil.

A prática de preços da Rótula observava dois parâmetros básicos: o preço dos empréstimos praticados pela concorrência e o custo dos recursos captados pela empresa, acrescido de seus custos fixos. A Rótula conseguia praticar preços abaixo da concorrência, chegando a atingir níveis de 2% ao mês para operações de curto prazo, sendo que, em operações normais, as suas taxas variavam entre 3,9 e 4% ao mês.

Os gestores da empresa entendiam que os clientes tinham pleno conhecimento dos preços praticados pela concorrência e, assim, se as taxas da Rótula ultrapassassem esse teto, a empresa estaria fora do mercado. O outro parâmetro para a fixação da taxa de juros por parte da Rótula eram seus custos fixos mais o custo variável da operação de crédito, a partir do que a empresa calculava até onde poderia reduzir a taxa de juros para o cliente.

A Rótula possuía uma carteira ativa de R$ 1,3 milhão e um giro de empréstimos mensais da ordem de R$ 500 mil, com os créditos atingindo, em média, o valor de R$ 1.300,00 por cliente, significando cerca de 380 novas operações a cada mês. As operações de crédito vinham apresentando um crescimento histórico de 8% ao mês até outubro de 2001, quando houve uma retração de mercado, e as vendas caíram, voltando a apresentar crescimento em janeiro de 2002, mas a índices mais baixos.

Clientes

Os clientes da Rótula atuavam tanto na economia informal quanto na formal. No grupo da economia informal predominavam as pessoas do sexo feminino, e os valores dos empréstimos eram, em média, 50% menores do que os do grupo da economia formal. Dentre as diversas atividades desse grupo, predominavam as "sacoleiras" e as artesãs. De forma geral, a direção percebia essas clientes como desassistidas pela concorrência.

Dentre as empresas atendidas pela Rótula, destacavam-se as que atuavam no comércio, como mercearias, lojas de calçados e lojas de vestuário e microempresas de serviços em geral como cabeleireiros, massagistas, etc.

Geograficamente, além de Leopoldina, a Rótula estava presente nos mercados de Juiz de Fora (MG), Muriaé (RJ) e Cachoeiro do Itapemirim (ES), sendo que, neste último, a grande maioria dos clientes da empresa era atuante na economia formal.

Odilon Guerra Júnior considerava que os clientes enfrentavam duas grandes barreiras para chegar até a Rótula. A primeira barreira referia-se ao temor que esses clientes tinham em fornecer informações sobre as suas atividades, particularmente quanto aos números contábeis, na medida em que muitos deles atuavam na informalidade e tinham receio de que o fisco tivesse, de alguma maneira, acesso a essas informações.

A segunda barreira dizia respeito ao próprio desconhecimento da existência das IMFs, em geral, pelo público-alvo. Odilon Guerra Júnior considerava que esse problema era de difícil solução, pois a empresa trabalhava com a premissa de que "uma despesa só se justifica se agregar uma receita de igual ou maior valor". Assim, não via como o investimento em comunicação, pelo seu elevado custo, pudesse trazer retorno. A Rótula havia experimentado algumas alternativas de comunicação de massa, tais como rádio e carro de som, que percorria os bairros anunciando os produtos da empresa, mas os resultados desapontadores obtidos com essas experiências levaram a direção a desistir de seu uso em favor de prospecções e de vendas porta a porta, realizadas pelos agentes de crédito.

Vendas

Em 2002, a Rótula contava com quatro agentes de crédito, um para cada cidade onde atuava, com idades variando entre 26 e 50 anos e perfis de formação profissional diversificada, desde um universitário até um ex-funcionário de banco comercial. O denominador comum entre esses agentes de crédito era o fato de serem todos do sexo masculino. Recebiam a remuneração fixa de R$ 500,00.

Esses profissionais recebiam treinamento formal, ministrado por uma empresa contratada, e tinham como função fazer visitas aos clientes potenciais e oferecer as modalidades de crédito de que a empresa dispunha. Nessas visitas, caso houvesse interesse por parte do microempresário, o agente de crédito elaborava uma ficha cadastral para, posteriormente, examinar a situação do candidato junto ao Serasa.

Uma vez aprovada a ficha cadastral do candidato ao crédito, a sua solicitação era encaminhada para um comitê de avaliação de crédito da Rótula, em que, basicamente, quatro pareceres poderiam ser emitidos, tendo como limite o valor de R$ 10 mil, estabelecido pelo Banco Central do Brasil:

1. o pedido de crédito era negado;
2. o pedido de crédito era aprovado no valor solicitado;
3. o pedido de crédito era aprovado com valor menor do que o solicitado;
4. o pedido era aprovado com sugestão de valor maior do que o solicitado.

Com relação à última alternativa, isso era feito porque, muitas vezes, o tomador do empréstimo não tinha visão de negócios em longo prazo. Ele podia estar tomando um empréstimo para comprar uma máquina que dobraria a sua produção, mas não percebia que iria necessitar de mais matéria-prima e, então, a sua necessidade de capital de giro também aumentaria. Quando se desse conta desse fato, muito provavelmente já estaria com a saúde financeira comprometida, impossibilitando o pagamento do empréstimo solicitado.

Além dos agentes de vendas, a Rótula estava realizando um trabalho comercial experimental através da figura de um agente independente, uma espécie de *broker*, que estava sendo remunerado com uma porcentagem sobre a taxa de crédito obtida em negociações com os tomadores. Odilon Guerra Júnior explicou:

> Quando damos a ele um percentual sobre a taxa colocada, nós não vamos ter um vendedor que só está pensando em vender a um preço mais baixo, porque a comissão dele é fixa, independente do preço (...). Quando vinculamos o recebimento dele ao efetivo retorno sobre o capital, nós o trazemos para o nosso lado, no que tange a nos passar informações fidedignas quanto à análise inicial, ao primeiro contato e aos contatos subseqüentes com o cliente. Ele se torna um defensor daquela liquidez, porque também vai receber de acordo com isso.

Estava nos planos da Rótula, caso a experiência desse resultado positivo, expandir o conceito de agente autônomo para outras comunidades onde a empresa ainda não atuasse.

A Rótula reconhecia como seus principais concorrentes o Banco do Povo em Minas Gerais, o Banco Cidadão no Rio de Janeiro e outras IMFs focadas no mesmo público-alvo que a Rótula pretendia atender. Além desses, existiam os agiotas, figuras tradicionais que operavam na ilegalidade. Considerava-se também que os bancos tradicionais concorriam diretamente com a Rótula, principalmente através dos cheques especiais e operações de crédito pessoal, por serem instrumentos de crédito muito ágeis, difundidos e muito conhecidos pela população em geral.

Para enfrentar essa concorrência, a Rótula entendia que devia assumir, cada vez mais, uma atitude proativa, conhecendo seus clientes mais de perto e indo buscá-los, em vez de aguardar que eles procurassem a empresa.

ANEXO

Extratos da Entrevista com Odilon Pereira Guerra Júnior, diretor da Rótula S.A.

Entrevistador: Como tudo começou?

Odilon: A nossa empresa, a Atenas, é uma empresa de nove anos. Já foi criada com uma visão de empresa séria, dentro dos princípios do embasamento legal, do fomento mercantil, que é uma atividade que, no Brasil, vem crescendo muito, mas ainda é um pouco marginalizada e até subvalorizada pelos órgãos competentes. Eu acho que falta ainda uma visão, por parte do próprio Governo, de entender o benefício que o fomento mercantil representa para o Brasil. Nós, do grupo Atenas, gerimos empresas também para terceiros. Fazemos parcerias, fazemos venda de tecnologia de *factoring*... Enfim, esse caráter associativo facilitou muito uma sociedade mais ampla, de dez pessoas, na Rótula. Já partimos direto da idéia de uma sociedade anônima...

Entrevistador: Como está ocorrendo a entrada de outras empresas nesse setor?

Odilon: Eu sou um dos diretores da ABSCM. Nós criamos a associação das instituições de microfinanças. Eu faço parte da Diretoria, e acabo sendo muito indicado pelo próprio BNDES e pelo próprio Banco Central para receber visitas de novos entrantes. Nessas visitas, eu procuro, na medida do possível, colocar, da forma mais clara e transparente, os pontos positivos e negativos do negócio. Da necessidade de escala, dos custos operacionais dado o volume, dado o valor pequeno de cada empréstimo, enfim, eu tento abrir bem os olhos dos novos entrantes, para que eles tomem a decisão com mais consciência e mais embasada em dados reais, e não entrem num 'oba-oba', porque vão ter um banco com capital de R$ 100 mil, que é mais ou menos o que vem acontecendo. E outra coisa, há muita gente também entrando, visando basicamente buscar recursos do BNDES, que é a mola propulsora desse negócio. O negócio de microcrédito no Brasil não funcionaria se não houvesse a possibilidade de recursos do BNDES. Isso aí é inquestionável. A não ser que venha a se alterar a legislação no futuro, permitindo a criação da operação passiva para essas instituições. Porque essas instituições, elas são um banco no que tange à operação ativa, à parte de concessão de crédito. Efetivamente, podemos fazer todas as modalidades de crédito que o banco pode fazer, exceto consumo. Basicamente, estamos bastante desengessados nisso aí. Porém, no que tange às operações passivas, nós não podemos captar do público. Isso significa dizer que só podemos ou buscar dinheiro no BNDES, ou buscar dinheiro em algum fundo, ou buscar dinheiro no próprio banco. Mesmo no banco, não era permitido, até que nós, como associação, conseguimos alterar isso, porque nem em banco podíamos buscar dinheiro, caso quiséssemos.

Entrevistador: Vocês estão hoje com que capital?

Odilon: Hoje temos um capital de R$ 700 mil e temos aportado por parte do BNDES R$ 1 milhão. E já temos um novo projeto no BNDES para mais R$ 2,8 milhões, que prevê nova capitalização nossa... Legalmente, pela regulamentação do Banco Central, uma IMF pode ter uma alavancagem de até cinco vezes o seu Patrimônio Líquido Ajustado, ou seja, se você tem R$ 1 milhão, você pode ter mais R$ 5 milhões de alavancagem. O BNDES está disposto a entrar com até R$ 3 milhões. Hoje essa é a filosofia do BNDES. Eu tenho R$ 700 mil de capital, eu poderia ter, então, mais R$ 2,1 milhões do BNDES. E eu peguei só um R$ 1 milhão. ... Olha, em nenhum momento você vai me ouvir falar que a gente não quer ganhar dinheiro. A nossa instituição tem fins lucrativos, a nossa intenção é ter uma empresa rentável e lucrativa. Além disso, nós somos uma empresa com uma forte característica na área de controladoria, mesmo porque, para uma instituição na área financeira, isso é uma necessidade realmente muito grande...

Entrevistador: Em que outros produtos vocês estão pensando?

Odilon: Com relação a outros produtos, acreditamos haver uma possibilidade bastante grande, por exemplo, em seguros... Porém, mais uma vez, o engessamento foi bastante grande. O Banco Central colocou na regulamentação, e aí, infelizmente, houve uma lei em cima dessa regulamentação, que engessa o objeto social da instituição de microcrédito. Então, a IMF não poderia vender seguro. Porém, aí você tem aquele elemento criativo: nada impede que você dê. Bom, se nada impede que você dê o seguro, é uma idéia nossa. Por quê? Porque estamos visando a garantia, ter o seguro premiado. Isso vai ser um atrativo, um criador de demanda, porque o brasileiro adora um jogo. No período em que o tomador tiver uma operação conosco, ele vai estar concorrendo mensalmente a um prêmio em reais. Isso é um produto que já desenvolvemos, está pronto para ser rodado, também está em fase final de adequação de *software*. Já temos até a seguradora, com a qual fechamos negócio.

Entrevistador: Qual o valor de sua carteira atual?

Odilon: Eu tenho hoje uma carteira de R$ 1,3 milhão, em torno disso: uma carteira ativa em torno de R$ 1,3 milhão. Eu tenho uma média de R$ 400 mil a R$ 500 mil de giro mensal, em torno disso aí. R$ 1,3 mil é a média do valor do empréstimo. Fazemos mais ou menos 385 operações mensais.

Entrevistador: Falando um pouco do seu cliente... Como ele é? Quem é ele?

Odilon: Quem é meu cliente? O meu cliente são pessoas ou empresas... Vou segmentar aqui em dois, o informal e o formal. No perfil de informal, existe uma predominância do sexo feminino.

Entrevistador: Quanto, mais ou menos?

Odilon: Não sei. Por quê? Não é uma informação que para mim, hoje, eu considere relevante. Posso vir a ser convencido do contrário. Embora eu tenha isso no meu banco de dados, eu não tenho um relatório que me traga essa informação. Bom, mas no caso do informal, é significativamente maior o volume de sexo feminino. Na minha avaliação, porque são pessoas que trabalham com artesanato, e esse tipo de trabalho é mais feminino... Provavelmente o marido trabalha em alguma empresa, e elas fazem aquilo como um complemento de renda. E temos um outro lado, o lado dos formais... Quem é o nosso cliente formal? São as microempresas, realmente microempresas, que, no interior, são extremamente desassistidas pelos bancos. Elas são relegadas, realmente, ao mercado informal, ou, então, buscando recursos numa empresa de fomento mercantil, que, no caso, mesmo as empresas de fomento mercantil, como a Atenas, não atendem as microempresas. O microempreendedor fica realmente fora do mercado, ele fica alijado do mercado financeiro, de alguma forma. E, então, atendemos esse cliente.

Entrevistador: Que atividades eles exercem?

Odilon: As mais variadas possíveis. É comércio, basicamente, pequeno comércio. Mercearia, lojinha de sapato, lojinha de roupa, cabeleireiro, massagista. Enfim, esse tipo de atividade.

Entrevistador: Que área geográfica vocês atendem?

Odilon: Eu estou presente em Leopoldina, que é a minha sede; Muriaé, que é uma cidade de 120 mil habitantes, próxima de Leopoldina; Juiz de Fora, uma cidade em torno de 500 mil habitantes; e estou em Cachoeiro do Itapemirim, no Espírito Santo. É uma cidade interessante. Apesar de ser uma cidade de 150, 180 mil habitantes, é a terceira ou quarta cidade do Estado – bastante industrializada, tem um comércio interessante, onde temos o menor número de informais, porque existe lá um comércio bem forte e, ao mesmo tempo, desassistido...

Entrevistador: Além desses clientes típicos que você me citou, que outros tipos você percebe que poderiam vir a ser atendidos, que vocês ainda não exploram hoje, de forma sistemática?

Odilon: Olha, estamos muito abertos a qualquer segmento...

Entrevistador: Por exemplo, agricultura?

Odilon: Agricultura não, mas na pecuária já atuamos. Na agricultura não atuamos e acho até que não devemos atuar. A agricultura, pela sazonalidade, pelas características de longo prazo, de risco bastante significativo devido a intempéries, é um segmento para quem é de fato especializado no ramo. Talvez venham a surgir SCMs dedicadas a esse segmento do mercado. Já com a pecuária temos condições de trabalhar. Por quê? Hoje nós temos como garantir, por exemplo, que o pecuarista tenha o teor bovino. Você consegue mensurar o tempo de maturação do animal. Se aumentou o peso em tanto, isso vai elevar a produção de leite em tanto. Enfim, é possível mensurar e então consegue-se trabalhar o crédito. Na outra situação, de agricultura, eu já acho bastante mais difícil, mas não temos preconceito com nenhum segmento. Estamos bem abertos, buscando, o máximo possível, ampliar esse leque de segmentos atendidos.

Entrevistador: Vamos falar da concorrência. Você já deu uma pincelada... Concorrência direta, ou seja, outras IMFs que eventualmente atuam na sua área, e indireta, ou seja, outras instituições financeiras... Também emprestador particular, agiota...

Odilon: Essa concorrência, eu considero que ela existe em qualquer praça... Em todas as cidades em que operamos, já há ONGs de microcrédito atuando, como o Banco do Povo. Tanto em Leopoldina quanto em Juiz de Fora já se encontra o Banco do Povo, que é o que está mais diretamente focado no mesmo público-alvo nosso. Logicamente, existe aí uma concorrência. E uma concorrência que tem compromisso com rentabilidade bastante menor do que o nosso. Já no caso dos informais, principalmente, temos a concorrência dos agiotas... Quando eu falo agiota, é uma palavra pesada... Mas há muito agiota por aí trabalhando com taxa bem menor do que a de banco... É uma coisa impressionante, mas é um fato. Agora, com relação aos bancos tradicionais, a concorrência deles conosco está no cheque especial e na operação de crédito pessoal, que é uma operação ágil, bem difundida, bem conhecida da população. O povo tem sempre medo do novo. Isso é uma coisa que o *marketing* mostra de forma bem clara: a resistência à mudança. Os inovadores não são muitos. Enfim, a resistência à mudança é muito grande. Isso aí, eu acho que também é uma barreira bastante significativa ao crescimento.

Entrevistador: O que a Rótula está fazendo para se diferenciar desses concorrentes?

Odilon: A primeira coisa que estamos fazendo é tentar conhecer o cliente mais de perto, é buscar o cliente, em vez de ser buscado pelo cliente. Isso tem um custo óbvio, porém, na nossa avaliação, você tem uma segurança maior porque você conhece a casa do cliente, você conhece a lojinha dele. Você entrou *dentro* da casa dele e viu que ele tem renda, por exemplo, de R$ 500,00 por mês e tem uma televisão de 24 polegadas. O agente de crédito tem uma função muito importante nesse trabalho, porque ele é o olho da instituição. Ele está entrando de alguma forma em convívio e contato direto com o cliente. Isso é uma forma que temos de criar nessa ação.

Entrevistador: E a relação pós-empréstimo? Ele fez o empréstimo, pagou o empréstimo, foi embora...

Odilon: Não, ele tende a voltar. Ele tende a voltar, até porque nós tentamos sistematizar, o máximo possível, o crédito, visando reduzir o custo operacional. Bom, o que eu quero dizer com isso? Quando a solicitação de crédito entra no comitê para avaliação, uma série de fatores é levada em conta. Nessa série de fatores, mesmo que o futuro tomador esteja pleiteando R$ 1 mil para fazer um investimento nisso ou naquilo, se o comitê julgar que ele tem capacidade para uma linha de R$ 3 mil, vamos oferecer a ele, já previamente, uma linha de R$ 3 mil e vamos avisar: "Olha, você tem uma linha de R$ 1 mil, para esse crédito que você está tomando agora, nessa modalidade, e você tem uma linha de mais tanto, em tal modalidade". Por quê? Porque ele é vítima da própria desinformação. É a falta de cultura empresarial do tomador. O que acontece? Ele não se dá conta de que, quando ele compra uma máquina que vai duplicar a produção, ele também está aumentando a necessidade de capital de giro. Ele só vai se dar conta disso quando estiver "enforcado". E aí, nem vai pagar a prestação da máquina, nem vai conseguir produzir... Não vai nem conseguir, às vezes, comprar os insumos de que precisa para aumentar a produção. Se eu fiz uma boa avaliação de crédito dele, se eu fiz uma boa seleção, eu não preciso que ele termine um empréstimo para dar o outro. Essa é a nossa decisão, uma coisa não está amarrada na outra. Eu tenho o histórico dele em nível de mercado, eu já vi que ele é uma pessoa com o Serasa limpo, o avalista dele também é, ele tem um bom conceito na praça. Então, por que eu vou dar só R$ 1 mil, se eu sei que ele vai ficar "enforcado"?

Entrevistador: Qual é o limite máximo?

Odilon: R$ 10 mil é o limite máximo autorizado pelo Banco Central. O que é uma inconsistência. Deixa eu defender o motivo dessa minha tese de inconsistência... Eu sou autorizado a atender microempresas. A microempresa, segundo o Estatuto das Micro e Pequenas Empresas, tem um faturamento de até R$ 20 mil mês. Se você pressupor que o fluxo financeiro dela, entre a compra, a venda e o recebimento efetivo, é de 90 dias, nós já estamos falando de R$ 60 mil de necessidade de caixa. Por que temos que ficar parados em R$ 10 mil? Por que não adotar um critério, que é adotado para outras instituições, de um *x* por cento de limite máximo, pelo PLA, ou seja, se a minha instituição tem R$ 700 mil de capital próprio, até *x* por cento desse capital eu posso comprometer com um único cliente, dali em diante eu não posso, porque estaria aumentando o meu risco. Enfim, criar alguma forma, como no mercado financeiro convencional, para que eu possa continuar a atender o meu cliente... O que acontece? Eu perco esse meu cliente que consegue atingir os R$ 10 mil, mas é ele quem banca o cliente de R$ 500,00, porque o cliente de R$ 500,00 dá prejuízo. Isso é uma coisa bastante séria que a associação vem tentando mudar. Então essa é a minha colocação a esse respeito.

Perguntas para Discussão

1. De que forma a visão de *marketing* pode ser útil à Rótula S.A. na expansão das suas operações?

2. O que você recomendaria à direção da Rótula S.A.?

CAPÍTULO 10

CEAPE – PERNAMBUCO: ESTUDO DE CASO

José Ventura, diretor executivo do Ceape – Pernambuco, considerava o seu objetivo de crescimento de 25% do volume de empréstimos para 2002. Dados o processo de reestruturação por que passava a instituição e as altas taxas de inadimplência com que trabalhava, parecia-lhe difícil atingir tal objetivo sem um planejamento cuidadoso das atividades de *marketing* a serem empreendidas. Além disso, era pouca a disponibilidade de recursos para divulgação e parecia-lhe que o mercado se encontrava já saturado ou próximo à saturação.

Antecedentes

O Centro de Apoio a Pequenos Empreendimentos – Ceape –, instituição sem fins lucrativos, era a IMF mais antiga do Brasil, tendo dimensões nacionais. Estabeleceu-se em Pernambuco em meados de 1992, pelas mãos do Sr. Josias Albuquerque, que presidia a Federação do Comércio do Estado, passando a presidir também o Ceape.

A experiência-piloto no Brasil se inspirara em experiências exitosas com microfinanças, desenvolvidas desde a década de 1970, em países da América Latina e Caribe, pela *Accion Internacional*, entidade não-governamental norte-americana. Como o Ceape Ana Terra, em Porto Alegre, obteve sucesso, os promotores – na época a *Accion Internacional* e a Unicef – sentiram-se motivados a levar o programa para outros estados brasileiros, com prioridade para a região Nordeste do Brasil.

José Ventura era o diretor executivo do Ceape – Pernambuco. Anteriormente, trabalhara como gerente de uma agência do Banco do Brasil em Recife, com a qual o Ceape operava. Convidado para a Direção executiva da instituição, Ventura defrontou-se, ao assumir o Ceape – Pernambuco, com uma inadimplência muito elevada, próxima aos 25%, além de problemas de controle administrativo-financeiro. As perdas da instituição com clientes que não pagavam os empréstimos chegaram a quase R$ 2 milhões. De um total de cerca de 6.000 clientes, em 1999, cerca de 20% estavam inadimplentes. A gestão de Ventura preocupou-se, então, em sanear a instituição e estabelecer os controles administrativo-financeiros necessários a sua continuidade.

No entanto, apesar dos esforços realizados, as taxas de inadimplência ainda eram muito elevadas no início de 2002, quando, então, a organização contava com uma carteira de cerca de 4.000 clientes. Eram as seguintes as taxas, em alguns postos de atendimento:

Recife – 22,65%

Caruaru – 5,27%

Petrolina – 19,47%

Cabo – 5,77%

Garanhuns – 5,35%

A alta inadimplência em Recife e Petrolina advinha de créditos antigos, que não haviam sido levados a prejuízo por haver ainda possibilidades de recuperação. No posto do Cabo, graças à gestão de um ex-funcionário aposentado do Banco do Brasil, trazido por Ventura para o Ceape, a taxa de inadimplência atingiu níveis aceitáveis. Para tal, no entanto, fora necessário substituir todos os funcionários do posto. Dois outros ex-funcionários do Banco do Brasil haviam sido atraídos para o Ceape, para ocupar gerências de postos.

Em 2002, o Ceape tinha um fundo de R$ 4,6 milhões, dos quais pouco menos de R$ 3 milhões estavam emprestados. Esperava-se chegar ao final do ano tendo colocado o restante dos recursos em empréstimos

mos. Ventura admitia que havia sobra de recursos, mas achava que essa posição era preferível a emprestar sem critério:

> Se hoje o BNDES ou o BID chegassem assim: "Ventura, aqui está R$ 1 milhão para você emprestar agora no ano de 2002", eu ia ficar muito grato, mas não aceitaria. No ano de 2002, nossa meta é arrumar a casa e chegar ao final do ano com R$ 4 milhões emprestados. Nós temos R$ 1,5 milhão no banco. Isso é horrível. É horrível ter dinheiro em banco. Dinheiro em banco só presta para o banco. Mas é muito melhor estar com dinheiro em caixa sem estar emprestado, do que estar emprestado sem retorno. Então um grande trabalho que nós tivemos aqui foi o de colocar na cabeça do pessoal que o dinheiro do Ceape tem que ir e tem de voltar. Que nós não somos instituição de caridade. A gente dá o nosso apoio, emprestando dinheiro, e o cidadão responde, pagando com responsabilidade.

Produtos

O Ceape trabalhava apenas com empréstimos para capital de giro, variando de R$ 200,00 a R$ 10 mil. O empréstimo médio girava em torno de R$ 1 mil.

O Ceape utilizava o sistema de aval solidário, em que um tomador de empréstimo avalizava outro tomador. Ventura acreditava que esse sistema era bastante adequado aos dias atuais, pois as pessoas, por mais amigas que fossem, resistiam a assumir a responsabilidade de avalizar um empréstimo. Ventura descreveu da seguinte forma o processo de tomada de empréstimo solidário:

> Vamos imaginar um dono de serralheria, um dono de sorveteria e um dono de oficina mecânica. Os três se conhecem, se respeitam mutuamente. Aí, eles decidem: "Vamos ao Ceape". Então chegam aqui, trazem comprovante de residência, CPF e carteira de identidade, fazem um pequeno cadastro e dizem o quanto querem e para que querem os valores que eles estão pleiteando. De posse dessas informações, um técnico visita cada

empreendimento, conversa com eles, faz um levantamento do seu estoque, de quanto compram, de quanto vendem, enfim, um pequeno levantamento da situação de cada um, e, a partir dali, arbitra um valor a ser emprestado. Fechado isso, há uma ata de consolidação do grupo e, depois, eles se avalizam mutuamente.

Indagado sobre o lançamento de outros produtos, além do capital de giro, Ventura declarou que existiam alguns novos tipos de empréstimos sendo formatados, porém seus lançamentos somente aconteceriam após o problema da inadimplência ser resolvido.

Mercado

De acordo com os dados mais recentes, as mulheres representavam 52% do total de clientes e eram consideradas as melhores clientes no que se refere ao cumprimento das suas obrigações. Atuavam principalmente no ramo de confecções e provinham, em grande parte, do pólo de confecções de Santa Cruz de Capibaribe. O restante da clientela encontrava-se bastante disperso no que se refere à atividade econômica: artesanato, alimentação, etc.

Um ramo que parecia interessante e que estava despertando o interesse do Ceape era o de cabeleireiros. Ventura havia entrado em contato com um representante de uma firma que vendia produtos para cabeleireiros e estava estabelecendo uma parceria para distribuir *folders* do Ceape através dos entregadores da firma e, eventualmente, estabelecer balcões de atendimento nas suas lojas.

Mesmo se o tomador de empréstimo dispusesse de um empreendimento já formalizado, o Ceape-Pernambuco preferia trabalhar com a pessoa física. Além disso, só emprestava a quem já estivesse pelo menos há seis meses na atividade, com base em uma estatística que indicava que 50% dos pequenos negócios fracassavam nos primeiros seis meses e outros 20% nos seis meses seguintes.

Ventura considerava que o potencial de mercado para o microcrédito não era tão amplo quanto pareciam crer os entendidos no assunto:

> Quando se ouve determinadas palestras e colocações, quando se fala em tomadores, em microempreendedores, a impressão que a gente tem é de que existe um manancial de pessoas carentes por crédito para desenvolver sua atividade... Eu não concordo com isso. Existe um manancial de pessoas desempregadas e pessoas pobres que até precisariam, mas não existe um manancial de tomadores. Isso, para mim, é claro.

Concorrência

Ventura considerava que, até alguns anos antes, a concorrência era pouco significativa. No entanto, a partir de 1999, a concorrência se acirrou, com a entrada do Banco do Nordeste, Banco do Brasil e Caixa Econômica Federal no negócio de microcrédito. Particularmente, no caso do Banco do Nordeste, através do programa Credi-Amigo, a ação competitiva era muito forte, utilizando propaganda em televisão.

Outro concorrente era a Visão Mundial, uma ONG que atuava na área de microcrédito; todavia, o Ceape não considerava essa concorrência muito forte, por se tratar de organização pequena, que não utilizava meios de comunicação de massa para fazer propaganda.

As financeiras constituíam-se também em concorrentes. Ventura observou a esse respeito:

> Qual é a diferença entre uma financeira e o Ceape, uma organização de microcrédito? Eu acho que a diferença é a questão do objetivo. A financeira empresta o dinheiro para alguém e só tem uma preocupação, que o dinheiro volte, e encerrou. Nós, não. Nós temos a preocupação de que o dinheiro volte para os cofres do Ceape, mas nós nos preocupamos muito em acompanhar o crescimento do cliente dentro da atividade que ele desenvolve. Essa é a nossa grande recompensa, porque o Ceape não tem fins lucrativos. Então essa é a diferença entre uma financeira e uma instituição de microcrédito.

Outro concorrente era, naturalmente, o agiota. Este concorrente, no entanto, não podia ser claramente identificado, já que não se sabia quem era. Ventura via o agiota como um concorrente desleal:

> O agiota não perde dinheiro porque ele usa a violência. Ao invés de usar a força do direito, ele usa o direito da força. E esse pessoal, digamos assim, é uma contribuição negativa para o Ceape, porque, se o Ceape está entrando em determinada área e existe muita gente que vive disso, o agiota vai botar na cabeça do cara que está nos devendo para não pagar. Que é uma forma de nos destruir e ele continuar...

Apesar disso, Ventura acreditava que a força do agiota entre a população pobre da região havia-se reduzido drasticamente nos últimos 15 anos:

> Essa população, que hoje o Ceape assiste, antes ela não tinha ninguém. Ela estava totalmente entregue nas mãos de agiotas, se ela quisesse fazer alguma coisa. Então, hoje, este trabalho que o Ceape, a Caixa Econômica e o Banco do Brasil fazem é bom, porque libertou essas pessoas da dependência do agiota...

Preços

O Ceape costumava fazer pesquisa de preços da concorrência. No entanto, Ventura reconhecia que as suas taxas de juros eram, sob certos aspectos, mais elevadas do que as dos concorrentes.

Ventura reconhecia não ser possível baixar mais a taxa de juros, ao menos naquele momento, uma vez que os custos do Ceape – Pernambuco eram altos. Parte desses altos custos derivava do processo de concessão do microcrédito, que implicava visitas a todos os clientes, onerando a operação, além do baixo valor de cada empréstimo, significando custo administrativo elevado.

Comunicação

Ventura percebia a necessidade de a organização divulgar de forma mais intensa a sua existência e os seus serviços. Ele e seus auxiliares sentiam-se muitas vezes frustrados ao perceber que muitas pessoas desconheciam o Ceape, apesar de seus dez anos de existência. No entanto, as verbas eram exíguas para realizar uma divulgação ampla e a comunicação do Ceape com seus clientes acabava ficando limitada a algumas iniciativas diretas e ao aproveitamento de oportunidades que se apresentavam.

O principal instrumento de comunicação eram os *folders*, que eram utilizados fundamentalmente pelos agentes de crédito na divulgação do produto, condições e requisitos necessários à tomada de um empréstimo.

Sempre que possível, Ventura atendia a pedidos para dar entrevistas a jornais, rádio e televisão locais, com vistas a aumentar a exposição do Ceape junto a seus públicos-alvo. Fazia-se também um trabalho junto a escolas de segundo grau, com palestras sobre microcrédito, com o propósito de atingir os pais através dos filhos.

Além da comunicação em si, pensava-se em desenvolver um programa de fidelização de clientes. Uma idéia consistia em criar prêmios para clientes que estivessem pagando os créditos em dia. Um prêmio seria, por exemplo, receber uma consulta médica grátis em uma clínica popular. Outro prêmio poderia ser a oferta de um curso gratuito de informática, em parceria com a Prefeitura, ou com o Sebrae.

Vendas

Ventura acreditava que uma parte da explicação para as dificuldades vividas pelo Ceape-Pernambuco residia no rápido processo de expansão pelo qual a organização passara. Entre os problemas detectados, estava o amplo raio de atuação, do ponto de vista geográfico, dos postos de atendimento, que podia chegar a mais de 120 quilômetros de distância. Essas longas distâncias faziam com que os agentes passassem a maior parte do tempo em atendimento em regiões distantes, negligenciando o atendimento nas proximidades do posto. Logo após assumir, Ventura decidiu que os postos teriam seu raio geográfico de atuação limitado a 30 quilômetros.

Em 2002, o Ceape-Pernambuco dispunha de sete postos de atendimento (Recife, Caruaru, Petrolina, Garanhuns, Cabo de Santo Agostinho, Olinda e Camaragibe), além de diversos pontos de atendimento. Os pontos de atendimento diferiam dos postos por disporem de uma base mínima de pessoal e estarem ligados a um posto. Dessa forma, procurava-se reduzir o custo do atendimento. Um dos pontos de atendimento estava localizado em Juazeiro, no Estado da Bahia. Embora houvesse um Ceape na Bahia, encontrava-se este sediado em Salvador, a mais de 400 quilômetros de distância, enquanto Juazeiro encontrava-se bastante próximo de Petrolina. Para evitar problemas com o Ceape-Bahia, foi negociado um acordo, e o Ceape-Pernambuco passou a destacar apenas o nome Ceape em Juazeiro.

Os agentes de crédito, no Ceape, desempenhavam as funções típicas de contatos, visitas a clientes, atendimento em pontos e postos, análise e concessão do crédito. Eram a espinha dorsal do trabalho desenvolvido pela organização. Eram orientados a utilizar os clientes atuais como referência para novos clientes, não sendo incomum que um cliente acompanhasse um agente em uma visita, de modo a apresentá-lo a um amigo ou a um conhecido.

Os agentes também se encontravam envolvidos na tarefa de cobrança a clientes, muitas vezes através de visitas a seu local de residência ou trabalho. Essas visitas podiam significar perigo físico para os agentes, o que tornava o trabalho deles mais difícil e estressante. Em determinados locais, eventualmente, era preciso pedir autorização a bandidos que dominavam a área. Às vezes, o próprio cliente ia até a entrada da favela para acompanhar o agente ao local da visita, de modo a garantir a sua segurança.

Além dos agentes havia gerentes e pessoal administrativo. O treinamento era feito por meio de palestras e reuniões.

Perspectivas Futuras

Ventura não acreditava em altas taxas de expansão futuras da atividade de microcrédito em Pernambuco, embora não considerasse o seu mercado saturado. Em sua opinião, a tarefa principal da sua gestão, no próximo ano, seria reduzir as taxas de inadimplência, terminar o processo de reorganização administrativa e aumentar o volume de empréstimos. Ressentia-se, porém, da falta de recursos para divulgação do Ceape. Com a chegada de novos gerentes qualificados, esperava ser capaz de atingir os objetivos a que se propusera para 2002.

Perguntas para Discussão

1. Quais os principais problemas atuais do Ceape-Pernambuco?
2. Que ações de *marketing*, preferencialmente de custo baixo, poderiam ser empreendidas pelo Ceape-Pernambuco para divulgar seus serviços e expandir a clientela?

CAPÍTULO 11

SOCIALCRED: ESTUDO DE CASO

A Sociedade de Crédito ao Microempreendedor S.A – Socialcred – era uma instituição de microfinanças (IMF) autorizada pelo Banco Central do Brasil, cuja área principal de atuação era a metropolitana do Rio de Janeiro. O produto principal da Socialcred eram os empréstimos para capital de giro e para capital fixo. A direção pretendia desenvolver novos produtos e serviços que pudessem atrair novos clientes e fidelizar os já conquistados.

Após dez meses de operação, os resultados haviam ficado aquém do desejado, embora a nova empresa prosseguisse solidamente em seu caminho. Entre as questões que preocupavam a direção da Socialcred, estava o problema de como atingir os clientes, de como divulgar a empresa e de como conduzir a expansão da força de vendas. Era o momento de tomar decisões que pudessem conduzir a Socialcred a uma posição mais relevante no mercado de microcrédito do Rio de Janeiro.

A Empresa

A Socialcred foi fundada em janeiro de 2001, iniciando as suas operações em abril daquele mesmo ano. Seu objeto social foi definido como "concessão de financiamentos a pessoas jurídicas classificadas como microempresas, ... bem como a pessoas físicas, com vistas a viabilizar empreendimentos de natureza profissional, comercial ou industrial de pequeno porte". A empresa tinha dez funcionários, planejando atingir até 60 funcionários nos próximos anos.

Os sócio-fundadores, Rubens de Andrade Neto e Edson Luiz de Paula Pinto, tinham em mente também a função social da empresa: ampliar as oportunidades de trabalho e a geração de renda, concedendo crédito a microempreendedores, que, de outra forma, não teriam acesso ao crédito, indispensável à continuidade e crescimento de seus negócios, por estarem excluídos do mercado financeiro formal pela impossibilidade de oferecer garantias reais às instituições financeiras tradicionais. A possibilidade de desenvolver um negócio que, ao mesmo tempo, fosse rentável e pudesse contribuir para o desenvolvimento do País teve peso significativo na decisão de fundar a empresa de microcrédito. Edson, particularmente, vinha de uma tradição de participação comunitária através de Associações de Moradores. Rubens, por sua vez, era originário do mercado financeiro, tendo acumulado ampla experiência em instituições financeiras tradicionais. A empresa tinha seu escritório na Avenida Rio Branco, no centro do Rio de Janeiro.

O Tomador do Empréstimo

A direção da Socialcred via o mercado segmentado em dois grandes grupos: microempresários e empreendedores pessoa física, considerando tratar-se de segmentos bastante distintos no que se referia a suas características e comportamento. Por esse motivo, pretendia dar-lhes tratamento diferenciado, seguindo o exemplo dos bancos.

O microempreendedor, ou microempresário, era considerado o segmento mais atraente pela Direção da Socialcred. Segundo Rubens, o microempresário era tipicamente mais organizado do que o cliente pessoa física, sendo mais fácil para o agente de crédito e a empresa realizarem o acompanhamento das suas atividades. Normalmente, fazia clara distinção entre seus gastos pessoais e aqueles associados ao negócio. Podia atuar na economia formal ou informal.

Já o segmento "pessoa física" era constituído por pessoas de ocupação bastante variada, tais como artesãos, costureiras, etc., normalmente atuando na economia informal. A distinção entre o negócio e a vida pessoal, nesse caso, era muito menos bem delineada. Rubens observou:

Começamos com o público de baixa renda. Nós queríamos começar com clientes microempresa, mas acabamos trabalhando com o informal. Acho que os agentes que contratamos estavam mais com esse perfil. Eles trouxeram os clientes que tinham, de que eles se aproximavam. Então, agora, estamos procurando mudar o perfil dos agentes de crédito, trazendo agentes de crédito que têm perfil de público mais elevado.

Os clientes da Socialcred apresentavam o seguinte perfil, em fevereiro de 2002:

- 62% eram pessoas jurídicas, e 38% eram pessoas físicas;
- dos 38% de pessoas físicas, 20% eram do sexo feminino e 18% do masculino;
- a maior concentração encontrava-se, provavelmente, na faixa de 30 a 40 anos;
- a maior parte pertencia à baixa classe média, ou, em parte, ao segmento superior da classe mais baixa;
- quanto à atividade econômica, 14% estavam na indústria, 34% no comércio e 52% em serviços;
- o principal ramo da indústria era o de confecções, da mesma forma que o principal tipo de comércio era o de roupas. No setor de serviços havia grande variedade de atividades, destacando-se salões de cabeleireiros, escolas e creches;
- as clientes do sexo feminino estavam concentradas principalmente nos ramos de confecção, comércio de roupas, alimentação e escolas.

Processo de Obtenção do Empréstimo

O processo de obtenção de empréstimo na Socialcred podia ocorrer de duas maneiras: ou por procura do cliente ou por venda realizada pelos agentes de crédito.

Se uma pessoa, fosse um microempresário ou uma pessoa física (por exemplo, um artesão), desejasse um crédito produtivo, podia entrar em contato com a Socialcred, de modo a fazer a sua solicitação. A partir dessa solicitação, um agente de crédito era enviado ao local onde essa pessoa exercia as suas atividades, para realizar um levantamento socioeconômico. Esse levantamento incluía uma vistoria do local, assim como uma análise das necessidades do negócio, de modo a verificar se, efetivamente, o crédito solicitado se destinaria a fins produtivos; se o valor solicitado era adequado; se houvera levantamento de preço; e se haveria condições de ressarcimento do empréstimo por parte do cliente. Normalmente, pedia-se ao cliente que indicasse um avalista. Ao final desse processo, que podia chegar a cinco dias, o empréstimo era concedido. O processo podia ser invertido, com a visita do agente de crédito a clientes potenciais por ele localizados. Em ambos os casos, o agente de crédito tinha papel fundamental no processo, acompanhando a vida do cliente desde a tomada do recurso até a liquidação. Ao visitar periodicamente o cliente, realizava o acompanhamento do uso do recurso.

De forma geral, a Socialcred exigia que o tomador de empréstimo apresentasse um avalista, tendo como condição, porém, que esse avalista não partilhasse o mesmo domicílio, ou seja, não contribuísse para a renda familiar. Edson explicou:

> O avalista normalmente é um parente, pode ser um primo, por exemplo, mas há uma exigência de que não seja da mesma unidade familiar. Não pode ser, por exemplo, marido ou mulher. Isso porque as prioridades são as mesmas: se um deixa de pagar porque dá prioridade, por exemplo, ao pagamento da escola do filho, o outro vai concordar. Estão no mesmo barco, os dois concordam e sujam o nome.

Anteriormente, a Socialcred não exigia avalista quando o empréstimo era de menos de R$ 500,00, por se tratar de quantia muito pequena. No entanto, observou-se uma taxa maior de inadimplência nesses casos. Na opinião da Diretoria, a maior inadimplência na faixa de empréstimo mais baixa não se devia ao fato de os tomadores de empréstimo nessa faixa, tipicamente, serem pessoas mais pobres, mas ao fato de não se haver exigido avalista, o que levou a Diretoria a reformular essa política. Rubens observou:

> O avalista tem uma função que não se deve desprezar, que é o controle social que ele exerce. Não é o avalista só, por si. Ele tem um papel moral. Quando o microempresário, ou mesmo a pessoa física, vai pegar um empréstimo para uma atividade produtiva, o avalista está vendo que a pessoa está aplicando para ganhar mais. Se, por caso, essa pessoa começa a usar o dinheiro para outro fim, o avalista vê que ele, o avalista, é quem vai acabar pagando o empréstimo, e então faz pressão para que a pessoa use o crédito da forma prevista. Além disso, também faz pressão para que a pessoa pague o empréstimo. A pessoa paga ou perde o amigo.

Uma exigência da Socialcred era que o avalista tivesse uma renda mensal de três vezes e meia o valor da prestação a ser paga pelo tomador do empréstimo.

A Concorrência

A concorrência da Socialcred podia ser direta (instituições de microcrédireto) e indireta (demais instituições e emprestadores pessoa física). A gerência da Socialcred classificava a concorrência direta em três tipos de instituições de microcrédito: organizações governamentais, SCMs (Sociedades de Crédito ao Microempreendedor) e ONGs (Organizações Não- Governamentais) e OSCIPs (Organizações da Sociedade Civil de Interesse Público). Um exemplo de órgão do Governo atuando no Estado do Rio de Janeiro era o Banco do Povo, de caráter assistencialista, que utilizava recursos do Governo, operando com taxas de juros mais baixas que as SCMs. As SCMs eram instituições financeiras, regulamentadas pelo Banco Central, com permissão para oferecer microcrédito até o limite de R$ 10 mil por operação, e as ONGs e as OSCIPs eram instituições sem fins lucrativos, com finalidade social. No caso do Rio de Janeiro, os principais concorrentes diretos da Socialcred eram o Banco do Povo e o Vivacred, uma OSCIP, que atuava principalmente na área da favela da Rocinha, onde se encontrava fisicamente situada. Por esse motivo, a Direção da Socialcred não considerava que a Vivacred se constituísse, efetivamente, em concorrência, dada a sua área circunscrita de atuação.

Já a concorrência indireta provinha de instituições financeiras, agiotas e até mesmo de familiares e amigos dos tomadores de empréstimo. Entre as instituições financeiras, a maior concorrência era proveniente das financeiras. A maioria dos clientes das financeiras era, porém, de crédito pessoal, enquanto a Socialcred só atuava, por exigências legais, com crédito produtivo. Na percepção da Diretoria, a Socialcred levava grande vantagem em relação às financeiras, porque oferecia crédito muito mais barato. Enquanto as financeiras cobravam juros em torno de 12% ao mês, a Socialcred cobrava em torno de 6%.

A Diretoria da Socialcred não percebia o agiota como concorrente importante, estimando que não mais de 3% dos créditos fossem concedidos a clientes provenientes de agiotas. Isso se devia, provavelmente, ao fato de a Socialcred só aceitar como clientes pessoas que tivessem "o nome limpo na praça". Como o agiota, tipicamente, cobrava juros exorbitantes, a ele só acabavam recorrendo as pessoas que não pudessem mais obter crédito de outras fontes.

Uma das principais fontes de crédito a que tinha acesso a população de baixa renda era, ainda, o simples empréstimo de parentes e amigos, normalmente sem juros, baseados em confiança e na expectativa de eventual reciprocidade.

Políticas de *Marketing*

Preços

As taxas de juros cobradas pelas SCMs eram bastante inferiores às das financeiras. Enquanto as taxas de juros das financeiras eram de 12 a 16%, a Socialcred cobrava de 5 a 6%. No entanto, as taxas de perda (créditos perdidos) das instituições financeiras tradicionais variavam entre 15 e 30%, enquanto as taxas da Socialcred estavam próximas a 2%. Embora a taxa de perda da Socialcred fosse muito mais baixa que a das instituições financeiras tradicionais, a Direção não estava satisfeita com esses resultados, considerando a taxa de perda de 2% muito alta para o negócio de microcrédito e acreditava que dois fatores haviam contribuído para tal:

> Essa taxa é muto alta, altíssima para seis meses. O que é essa perda? Tivemos um processo de aprendizagem. Por exemplo, crédito para negócio novo tem mais risco. O negócio tem de estar no mínimo seis meses a um ano funcionando. Outro fator: crédito sem avalista. Antes fazíamos empréstimos de até R$ 500,00 sem exigir avalista. Foi um erro. O avalista é um cobrador. É uma pessoa que está na relação. Muito mais importante do que o fato de ele poder pagar, é a pressão moral que ele exerce.

Comunicação

Os clientes tomavam conhecimento da existência da Socialcred por várias formas. Primeiro, através de notícias em jornais sobre instituições de microcrédito, em que a Socialcred era listada como uma das instituições que ofereciam esse tipo de crédito. Além disso, a Socialcred colocava anúncios em jornais, particularmente em jornais comunitários.

Havia ainda a prática de panfletagem. A Socialcred distribuía folhetos nas principais ruas das suas áreas de atuação, onde havia concentração de microempresas e pessoas pertencentes a seus segmentos-alvo.

A Socialcred desenvolvia ainda parcerias com associações comerciais e semelhantes. Essas associações indicavam a Socialcred a seus membros, como fonte de empréstimos a juros mais baixos.

Vendas

A atividade de vendas era realizada pelos agentes de crédito. A Socialcred dispunha de quatro agentes de crédito que, ao ingressar na empresa, já traziam experiência anterior nesse tipo de negócio, não tendo sido necessário realizar treinamento.

Cada agente atuava em um território específico. O território do agente era, tipicamente, próximo a sua moradia, o que lhe proporcionava um bom conhecimento da área. Ainda que não conhecesse previamente os clientes, este conhecimento era uma vantagem que ele podia explorar, economizando tempo e esforços para localizar os clientes potenciais. Segundo a Direção da Socialcred, esse procedimento era bastante eficiente:

> Isso é clássico em microcrédito. Os outros também trabalham assim. Você deve procurar se concentrar em áreas geográficas, para não se dispersar muito, não ter que fazer o trabalho de cobrança e acompanhamento... Quanto mais concentrado o território do agente, menor o custo: com uma visita você pode ir a vários clientes. Então, a concentração é importante.

Havia, naturalmente, muitas áreas ainda não cobertas por agentes de crédito da Socialcred. A Direção considerava, também, que essas áreas eram, naquele momento, muito grandes e que o ideal seria reduzi-las, o que se pretendia fazer no futuro por meio da contratação de novos agentes e realocação de territórios.

O acompanhamento do trabalho de vendas era feito diariamente, havendo um plano de visitas, que era discutido no início da manhã. A seguir, os agentes realizavam as visitas. Outro tipo de acompanhamento era feito com relação ao crescimento da carteira de clientes de cada agente e ao nível de inadimplência de seus clientes. O pouco tempo de operação da Socialcred não permitia dispor ainda de estatísticas confiáveis quanto ao desempenho dos agentes de crédito. De forma geral, porém, considerava-se que os agentes estavam correspondendo às expectativas, apresentando um bom desempenho.

Os agentes de crédito ganhavam salário fixo, que girava em torno de R$ 1 mil a R$ 1,2 mil. A Socialcred estava implantando um sistema de participação, distribuindo 5% dos lucros. A Diretoria achava que a introdução de uma remuneração variável com base em distribuição de lucros era preferível ao sistema de comissões, pois forçava o agente a focalizar o negócio no seu todo e não apenas na venda. Edson observou:

> A empresa está dando um bom salário e pretende fazer distribuição de lucro. Não achamos que comissão seja um estímulo. O salário, sendo bom, já é um estímulo para ele. O emprego, os benefícios que tem, assistência médica, vale-transporte. Na distribuição de lucros, o envolvimento dele é com a empresa em geral, ele se envolve com o custo e envolve-se com a atividade da empresa.

Essa colocação foi complementada por Rubens:

> É a prática do setor... Eu acho que isso faz uma relação mais de longo prazo, o agente pensa mais em longo prazo. O agente pensa em tudo. Senão, ele vai querer fazer o maior volume possível de clientes, não interessa se é crédito bom ou ruim, ou quanto vai custar dar o crédito. Então, o lucro é o final de tudo. Por isso, nossa percepção é de que a remuneração variável deve ser um extra. A pessoa não pode depender, em suas despesas normais, da remuneração variável, porque no dia que ele não tem, como fica? A rotina dele tem de estar dentro do orçamento dele. Então nossa remuneração variável é semestral... Com uma boa remuneração fixa, o agente tem a tranqüilidade de trabalhar e de fazer um bom trabalho. E ele vai trazer, evidentemente, resultados. Com o acompanhamento que fazemos, conseguimos ver se o agente está correspondendo. Sabemos o volume de carteira que ele tem que possuir para ter rentabilidade. Por exemplo, um agente tem de ter no mínimo R$ 70 mil de carteira para poder pagar a despesa e ter uma lucratividade. Se você dá uma comissão, ele poderá arrumar cliente fictício, arrumar cliente desonesto... Com a distribuição de lucros, o agente estará se preocupando com o

desempenho dele e com o da instituição. No sistema de comissão, ele só se preocupa com a produção dele e não com a rentabilidade. Se arrumar muitos clientes, mas com um gasto muito alto, a produção dele foi excelente, mas a rentabilidade da empresa ficou comprometida. A distribuição de lucros é uma maneira de contornar isso.

O critério de distribuição de lucros adotado pela Diretoria para cada agente era subjetivo, baseado no conhecimento que a Diretoria tinha da atuação de cada um. A cada semestre, apurava-se o lucro: do lucro obtido, eram extraídos 5%, e esse percentual repartido entre os agentes, a partir de julgamento feito pela Diretoria quanto ao desempenho de cada um:

> A gente chama o agente aqui. "Olha você vai ganhar tanto, porque você fez isso, fez isso bem, mas não foi bem nesse ponto aqui..." Leva-se em conta tudo, a inadimplência, até se ele brigou com um funcionário aqui, se a relação dele está boa ou ruim, a pontualidade...

Expansão da Socialcred

O fato de a procura pelo microcrédito – no caso específico da Socialcred – ser ainda limitada, com poucos clientes dirigindo-se especificamente a esse tipo de instituição, era atribuído, em primeiro lugar, ao desconhecimento, por parte dos próprios microempresários e das pessoas físicas envolvidas em atividades produtivas, das vantagens oferecidas por esse tipo de instituição. Esse desconhecimento se devia, em grande parte, à falta de propaganda institucional. Na visão de Edson:

> O que eu acho que falta realmente é a divulgação da instituição e desse produto. O maior empecilho hoje é não ter uma divulgação institucional, de algum órgão do governo. Falta vender o produto... Há matérias esporádicas na imprensa, mas precisa ter um pouco mais disso na mídia. Podia-se ter uma associação trabalhando nesse sentido, com uma divulgação do produ-

to, mas hoje não se tem isso. Na verdade, nunca se pensou em fazer nenhuma divulgação institucional do setor.

Em decorrência do desconhecimento dessas instituições, acreditava-se que o cliente potencial olhasse com certa desconfiança para o microcrédito.

A segunda razão que explicaria a baixa procura pelas instituições de microcrédito, na opinião da Diretoria da Socialcred, decorria da diferença de práticas entre as financeiras e as SCMs. Por exemplo, as financeiras aprovavam o crédito em 30 minutos e não exigiam avalista. Na opinião dos diretores da Socialcred, muitos tomadores potenciais de empréstimo, premidos pela urgência, podiam decidir tomar um empréstimo na última hora, não podendo esperar cinco dias para obtê-lo. Rubens ponderou:

> Nós levamos até cinco dias para conceder o crédito. Porque nós temos que fazer a visita em casa, perguntar muitas coisas ao sujeito, ele tem que arrumar o avalista. As financeiras fazem uma análise rápida, preenchem uma ficha, pedem comprovantes de residência, referências comerciais, etc. E eles têm uma estatística – *credit scoring* – para avaliar os pedidos. Como a taxa de juros deles é muito alta (15%), eles podem aceitar riscos maiores.

O custo por crédito da Socialcred era, em decorrência, muito maior do que o das financeiras, devido ao tempo despendido em colher informações, visitas do agente de crédito, etc., mas a Diretoria acreditava que isso explicava a baixa inadimplência dos clientes da Socialcred: um bom levantamento antes da concessão do empréstimo trazia informações valiosas e permitia reduzir o risco de crédito. Esperava, ainda, que este procedimento permitisse a fidelização do cliente. Edson explicou:

> Talvez isso fidelize o cliente: você está dando o crédito mais barato. Faltando duas ou três parcelas, a pessoa já está pensando em fazer a renovação do crédito com a gente. Porque ela viu que a taxa é boa, que o prazo de atendimento da necessida-

> de dela foi adequado e que ela está tendo um bom relacionamento. Então, isso fideliza o cliente. Nas financeiras, não. A pessoa pega o empréstimo quando está com a "corda no pescoço." Ela sabe que está pegando um crédito caro. Se ela tivesse mais tempo, pegaria o crédito mais barato.

A Direção da Socialcred considerava que os resultados obtidos até então eram mais modestos do que os esperados. Após dez meses de operação, a empresa tinha R$ 400 mil na sua carteira de empréstimos. No entanto, havia bastante otimismo quanto ao futuro da empresa e do microcrédito no Brasil.

Uma das dificuldades a serem superadas era aumentar a visibilidade da empresa junto aos clientes. A esse respeito, Rubens observou:

> A coisa mais difícil nesse negócio é achar o cliente. Todo mundo diz que o microcrédito é um negócio muito bom, mas você não acha o cliente facilmente. E isso exige um esforço muito grande.

Perguntas para Discussão

1. Analise os processos de recrutamento, seleção e treinamento de agentes de crédito adotados pela Socialcred. Como você avalia esses processos e que melhorias poderiam ser introduzidas no mesmo?
2. Analise o *marketing mix* da empresa. Como a Socialcred poderia incrementar as suas vendas através de outras ações de *marketing*?

CAPÍTULO 12

VISÃO MUNDIAL: ESTUDO DE CASO

A Visão Mundial foi fundada em 1950, por Bob Pierce, jornalista, correspondente de guerra dos EUA na Coréia, que se sensibilizou com o sofrimento das suas vítimas, principalmente crianças. Através de imagens por ele enviadas aos EUA, iniciou-se uma campanha para apadrinhamento de crianças órfãs. Doações permitiam que milhares de crianças pudessem ter acesso a alimentação e escola.

Atuando no Brasil desde 1975, a Visão Mundial é uma Organização Não-Governamental (ONG), brasileira e membro da parceria internacional *World Vision International*, presente em mais de 90 países. As suas ações buscam o desenvolvimento de comunidades e de socorro em situações emergenciais em favor de mais de 30 milhões de pessoas.

A VMB – Visão Mundial Brasil vinha se consolidando como organização comprometida com a erradicação da pobreza, tendo, como foco principal de atuação, as crianças e as comunidades empobrecidas. Ao longo de 28 anos de trabalho no Brasil, recursos e esforços foram investidos em programas de educação, saúde, habitação, desenvolvimento econômico, desenvolvimento rural, organização comunitária e promoção da justiça.

Desde o início da sua atuação, os projetos apoiados pela Visão Mundial, no Brasil, já desenvolviam atividades econômicas, tanto para benefício às famílias assistidas quanto para o auto-sustento da própria entidade. Nesse período, porém, a Visão Mundial não tinha a percepção de que tais atividades poderiam se constituir em programas de desenvolvimento econômico, nem que a própria instituição poderia estruturar alguns desses programas, potencializando suas ações em benefício dos mais pobres. Tampouco se conheciam as iniciativas mais avançadas em desenvolvimento econômico, como, por exemplo, o microcrédito e o comércio solidário.

O Programa de Microcrédito da Visão Mundial Brasil

Em resposta a necessidades de crédito de microempreendedores informais que não tinham acesso às linhas de crédito formais, em 1995, a Visão Mundial criou o Programa de Apoio ao Desenvolvimento de Microempreendimentos – Promicro. A experiência piloto ocorreu em Recife-PE, expandindo-se, até 2003, para os Estados da Bahia, Minas Gerais, Ceará, Rio Grande do Norte e Alagoas, além de Pernambuco, oferecendo crédito para empreendimentos urbanos e rurais.

Desde a sua criação, o Promicro se propunha a contribuir para o desenvolvimento de microempreendedores, resgatando seu direito ao crédito, fortalecendo os pequenos negócios e, conseqüentemente, melhorando a qualidade de vida das suas famílias. Dessa forma, o microcrédito tornou-se mais uma ferramenta no processo de desenvolvimento econômico e social dos empreendedores e das comunidades atendidas. Desde 1995, o Promicro havia atendido mais de 29 mil pessoas, com um investimento de R$ 29,1 milhões. Cerca de 65 mil pessoas foram beneficiadas diretamente, sendo mais de 60% mulheres.

Missão, Valores e Objetivos do Promicro/ VMB

Missão

Favorecer o fortalecimento e desenvolvimento dos microempreendimentos integrantes dos segmentos economicamente marginalizados para a consolidação de economia justa, solidária e sustentável como estratégia de combate à pobreza.

Valores

- Somos cristãos;
- estamos comprometidos com os pobres;
- valorizamos as pessoas;
- administramos com responsabilidade;
- somos parceiros;
- somos sensíveis.

Objetivo Geral

- Fomentar as atividades de microempreendimentos formais e informais, promovendo o crescimento e desenvolvimento econômico e social das comunidades apoiadas.

Objetivos Específicos

- Promover modelos alternativos de geração de emprego e de renda para as famílias empobrecidas, através do fortalecimento das pequenas empresas produtivas.
- Contribuir para o aumento da oferta de empregos diretos e indiretos nas comunidades apoiadas.
- Facilitar o acesso dos microempreendedores às técnicas adequadas de administração, produção e gerenciamento do seu negócio.
- Estimular a ética cristã como parte dos processos empresariais vivenciados pelos microempreendedores.
- Viabilizar a participação da mulher em atividades economicamente produtivas.
- Oferecer serviços de qualidade para os nossos clientes.
- Expandir área de atuação para comunidades atendidas pela Visão Mundial cujos empreendedores possuam perfil.

Segmentação

O foco principal do Promicro era o microempreendedor, variando desde aquele que sequer possuía os meios para iniciar um negócio, vivendo em extrema pobreza, até o pequeno empresário, já participante da economia formal. Em seus primeiros anos de atuação no Brasil, a Visão Mundial tinha como grupo-alvo os microempreendedores em centros urbanos, muitos dos quais já se encontravam formalizados, tais como feirantes, camelôs, ambulantes e artesãos. Posteriormente, seu foco de trabalho foi-se deslocando para os grupos de mais baixa renda, que eram os menos atendidos.

Os clientes do Promicro atendiam às características gerais de clientes de microcrédito, mas acrescentavam algumas outras devido às diferenças regionais e características do crédito da Visão Mundial. Dessa forma, o perfil específico do cliente Promicro podia ser descrito pelas características seguintes:

- morava em áreas estratégicas de atuação da Visão Mundial;
- participava de atividades de associações representativas da comunidade (projetos sociais e outras representações);
- eram mulheres os chefes de família;
- possuía negócios ou exercia a atividade por, no mínimo, um ano;
- utilizava mão-de-obra familiar prioritariamente, assim como mão-de-obra da comunidade;
- possuía renda de até dois salários mínimos (R$ 480,00 ou US$ 165,5)

A captação de clientes para o Promicro ocorria de duas formas:

- *Demanda espontânea*: o cliente potencial entrava em contato com o Promicro, geralmente por telefone, ou pessoalmente no ponto de atendimento, e buscava informações sobre o programa. Nesse momento, o atendimento era orientado para obter o máximo de informações do cliente.

- *Demanda induzida*: esse tipo de cliente potencial surgia a partir do atendimento direto do agente de crédito na área pela qual era responsável. As mesmas informações fornecidas ao cliente através do atendimento telefônico e pessoal eram repassadas para os clientes em campo. Esse tipo de atendimento era considerado melhor, pois o agente de crédito verificava *in loco* algumas informações e, assim, agilizava a liberação do empréstimo.

Era feita uma pré-seleção de clientes. As informações obtidas no primeiro contato podiam restringir ou não o cadastro do cliente potencial. A seleção era realizada através de visita do agente de crédito ao negócio do cliente. Nesse momento, um questionário desenvolvido guiava a entrevista, assim como reunia os dados necessários para o processo de avaliação da "capacidade empreendedora" dos clientes. A "capacidade empreendedora" era definida como o nível de comprometimento do cliente com o negócio, podendo ser caracterizada pela análise dos cinco "C´s": Caráter, Capital, Condições do Negócio, Capacidade de Pagamentos e *Colateral* (Garantias). Além disso, as visitas *in loco* desempenhavam papel muito importante na verificação dos passivos não declarados pelo solicitante ou pelo seu cônjuge e familiares.

Produtos

O quadro seguinte apresenta os produtos do Promicro.

Nome	Valores (R$)	Garantias	Taxa (%)	Observações
Promicro Individual	200,00 a 5.000,00	Avalista	3,8 a 4,8	Pagamento com boleto ou cheque.
Promicro Solidário	200,00 a 5.000,00	Solidária	3,8 a 4,8	Pagamento com boleto ou cheque. Grupo de 03 a 07 pessoas
Promicro Rotativo	Até 500,00[156]	Solidária ou Avalista	3,5%	Para clientes com empréstimos renovados.
Bancos Comunitários	1.500 a 37.500,00	Solidário Comunitário	3,8%	Apenas em áreas de PDA.

[156] Limite semanal.

- Promicro Individual – produto voltado para microempreendedores formais ou informais que possuíssem avalista para garantir o empréstimo. O empréstimo destinava-se a capital de giro ou a investimento fixo.

- Promicro Solidário – produto voltado para microempreendedores formais e informais que garantissem o crédito através do aval solidário. No dia-a-dia, os micronegócios geralmente mantinham uma rede de apoio mútuo. Pequenos valores eram emprestados por algumas horas, um dia ou uma semana, entre os negócios vizinhos, com base na idéia de que "você apóia hoje para ser apoiado amanhã". Criava-se, em função das necessidades, uma rede de ajuda mútua. A metodologia de grupo solidário, com base nessas relações de confiança, de vizinhança e de solidariedade, dava oportunidade de acesso ao crédito com vistas a potencializar cada um dos pequenos negócios cujos proprietários se dispunham a assumir um aval solidário. Dessa forma, o grupo solidário era uma organização de três a sete pessoas, formal ou informal, de indivíduos com interesses compartilhados que, através da auto-seleção, potencializavam atitudes de participação, organização, responsabilidade mútua e integração. Os componentes do grupo solidário deveriam ter as seguintes características:

- conhecimento prévio/confiança mútua entre os seus participantes;
- disposição de residência ou de localização da atividade econômica em áreas próximas;
- disposição de fontes de rendas distintas, não colaborando para um mesmo orçamento doméstico;
- propriedade de unidade econômica independente;
- apoio aos demais integrantes do grupo para a melhoria e desenvolvimento das suas atividades econômicas;
- garantia do cumprimento das decisões e dos compromissos do grupo;
- aprovação, ou não, dos valores solicitados individualmente pelos membros do grupo;
- pedido de exclusão de um membro, por falta de responsabilidade.

- Promicro Rotativo – oferecido para clientes com histórico de crédito adimplente junto ao Promicro. O cliente trocaria seus cheques pré-datados por dinheiro, descontando o valor da taxa de juros.O limite máximo da composição da carteira era de 15% neste produto.
- Banco Comunitário – produto para microempreendedores de baixíssima renda e, por isso, fortemente trabalhado em áreas estratégicas de atuação da Visão Mundial ou em parceria com as associações locais, sendo exclusividade da Visão Mundial e encontrando-se em plena expansão devido a suas peculiaridades. Caracterizava-se pela organização informal de um grupo de pessoas com escasso ou nenhum acesso a atividades produtivas e de crédito, mas que geravam renda por meio do acesso ao microcrédito e à poupança coletiva, para atender a necessidades básicas para a sua sobrevivência e da sua família. O financiamento era concedido às pessoas, cabendo a cada participante uma parte do financiamento, cujos valores podiam ser diferenciados, embora o financiamento global fosse de responsabilidade solidária de todos os participantes.

Vantagens competitivas

Na opinião dos dirigentes da VMB, o Promicro dispunha de algumas vantagens competitivas em relação a seus concorrentes:

- produtos diferenciados voltados para as demandas dos clientes – a exemplo dos bancos comunitários e do crédito rotativo;
- proximidade do cliente – a abertura de postos avançados em bairros com localização estratégica facilitava o serviço ao cliente, que não mais precisava se deslocar para ser atendido.
- comprometimento com o desenvolvimento do cliente – a equipe do Promicro estava voltada para atender as reais necessidades de crédito dos clientes.
- forma de pagamento – os pagamentos mensais eram vistos como um diferencial do Promicro. O modo de pagamento era flexível,

variando entre semanal, quinzenal e mensal. A forma de cálculo das parcelas também era favorável, com base no saldo devedor, com parcelas decrescentes, facilitando a agenda de pagamento dos clientes.

Ingresso em uma Comunidade para Iniciar um Grupo Solidário

Ao se ingressar em determinada área, um gerente de crédito era encarregado de realizar um levantamento preliminar de mercado, em que se procurava determinar o número de habitantes, os tipos de negócios existentes, as características da organização social, a existência de feiras semanais ou sazonais, os meios de comunicação disponíveis, etc. Utilizavam-se dados secundários para se ter uma idéia do mercado.

Em uma primeira abordagem realizada pela Visão Mundial em uma comunidade, os membros da comunidade eram convidados para uma reunião, com o objetivo de divulgar o trabalho da Visão Mundial. A partir de então, eram feitas reuniões semanais, com horário certo, programadas de forma sistemática. A reunião era conduzida por um agente de crédito, considerado "o ator principal" na Visão Mundial.

Um dos primeiros passos realizados pela equipe da Visão Mundial era diagnosticar o potencial econômico da comunidade no que se referia ao tipo de negócio possível de ser desenvolvido, como turismo, confecções, ou mesmo pequenos negócios dissociados. No decorrer desse estudo, que podia durar meses, já se identificavam os empreendedores, aqueles que podiam ser motivados. D. Elza Fagundes, coordenadora do Promicro, destacou:

> Quando você faz uma primeira reunião numa comunidade dessas, você pergunta: "Quem é empreendedor aqui? Quem é empresário?" Mas ninguém responde. As pessoas não se sentem empresárias, essa linguagem não é peculiar. Porque a imagem de empresário é de quem tem carro importado, é de quem tem uma grande indústria. Na verdade, possuir um pequeno negó-

cio não dá a eles o conhecimento de que são empreendedores, são empreendedores por habilidade natural. Mas independentemente de serem considerados pobres, privados de recursos financeiros, de estarem abaixo da linha de pobreza, eles são empreendedores e empresários.

Uma das principais preocupações da Visão Mundial era, então, o desenvolvimento do microempreendedor. Isso significava criar consciência dessa condição e da sua importância para o desenvolvimento da comunidade, como geradora de trabalho e de renda. Mais ainda, era necessário incutir no microempreendedor a necessidade de melhorar a sua capacitação e de aperfeiçoar o aspecto produtivo e gerencial de seu negócio.

Essa não era, porém, uma tarefa fácil. Não só essas pessoas não se viam como tal, como ainda tinham dificuldades para entender a sua responsabilidade com o seu próprio negócio e para com a comunidade. Viam o empreendimento como fonte de renda para a família, mas a sua visão não ia, muitas vezes, além desses limites. Não estavam condicionadas para a disciplina necessária à condução de um negócio maior, em particular a necessidade de trabalhar todos os dias em horários regulares. Não se encontravam, portanto, preparadas para o crescimento do microempreendimento, necessitando de treinamento e assessoria para tal. D. Elza Fagundes comentou:

> Eu acho que há pouca compreensão de gestão de negócio, e aí você tem que investir muito nisso, na mudança de comportamento. Para alguns, você necessita explicar que, como empresários, eles precisam criar uma cultura de trabalho, ter uma assiduidade ao trabalho, porque nunca foram colocados nessa lógica de trabalho como processo de desenvolvimento e sim de sobrevivência.

A Visão Mundial utilizava módulos de palestras e seminários especialmente para capacitar esses clientes. Essas palestras eram desenvolvidas em linguagem bem simples, com o objetivo de chegar a essa população mais humilde e, muitas vezes, semi-alfabetizada. O

Promicro dispunha de instrutores também especialmente treinados para utilizar esse material, capazes de motivar essas pessoas utilizando os elementos da sua própria linguagem. Nas palestras, não se discutia apenas crédito, mas a maior parte da discussão era orientada para temas importantes na vida da comunidade, tais como educação, saúde, violência, etc.

Era bastante representativa a presença da mulher no Promicro. A Visão Mundial tinha como política ter mais de 60% de mulheres no programa. Uma das razões para isso era a unidade produtiva familiar ser, muitas vezes, chefiada por mulheres. Além disso, nos domicílios em que vivia um casal, os homens muitas vezes dispunham de emprego certo onde, embora recebendo apenas um salário mínimo, garantiam o sustento da família, enquanto as mulheres geravam, através dos microempreendimentos, renda adicional para a família, renda essa que podia ser bastante irregular. Além disto, a experiência da Visão Mundial mostrava que o investimento em mulheres chegava mais facilmente à família e às crianças, através da preocupação com a manutenção da criança na escola, adquirindo materiais necessários, ou através da saúde, preocupando-se com uma alimentação adequada e com a vacinação.

Acreditava-se que, ao se trabalharem esses vários aspectos, fortalecia-se o grupo, gerando coesão interna. Esse processo de fortalecimento do grupo era um mecanismo que impedia a inadimplência, "porque o grupo é tão agregado, tão companheiro, trabalhando tão juntos que 'se você deixa de pagar, eu vou pagar para você porque você está passando dificuldade, e eu não vou ter dúvida de que você vai me pagar'".

Concorrência

A direção da Visão Mundial acreditava atuar fundamentalmente em uma faixa de renda em que a concorrência era pouco expressiva: o segmento formado pelos microempreendedores de baixa renda, informais, que sequer dispunham de documentação como pessoa física.

No entanto, quando se tratava da clientela constituída por pequenos microempreendedores no mercado formal, que a Visão Mundial também atendia, a concorrência era bastante expressiva. Havia, por exemplo, o Banco do Nordeste, a Caixa Econômica Federal, o Bradesco e o Ceape. O Banco do Nordeste, um banco de desenvolvimento regional, tinha como vantagem diferencial ampla estrutura de atendimento na região, mas cobrava taxas mais altas do que as da Visão Mundial. A Caixa Econômica Federal, além das suas agências, dispunha da rede de casas lotéricas, que lhe permitia estar presente em localidades menores e de baixa renda. Por sua vez, o Bradesco, um banco privado, havia feito parceria com os Correios, de modo a realizar alguns tipos de operações bancárias em comunidades onde não dispunha de agências, aumentando sensivelmente a sua capilaridade em todo o território brasileiro. O Ceape era uma instituição de microfinanças, cuja estrutura era também vista como muito boa, que dispunha de "popularidade, porque está em muitos Estados".

Outros concorrentes eram as financeiras, que atuavam no mercado pernambucano e ofereciam créditos de valor baixo. Essas instituições financeiras utilizavam fortemente a mídia televisiva para promover seus produtos e serviços. Estimava-se que a taxa de inadimplência dos clientes das financeiras chegasse a 20%, mas isso era compensado por juros altos, da ordem de 11 a 12% ao mês.

O agiota não competia, de fato, com a Visão Mundial. Acreditava-se que a entrada da Visão Mundial em uma comunidade levava ao enfraquecimento e, até mesmo, ao desaparecimento dos agiotas. Muitas vezes, os clientes tomavam um empréstimo da Visão Mundial para pagar a sua dívida com um agiota. Os juros cobrados pelo agiota podiam chegar a 25%.

A taxa de juros praticada pela Visão Mundial era calculada levando-se em conta, inicialmente, o custo do dinheiro recebido (*funding*), nesse caso do BNDES, mais o custo operacional das unidades de negócio. Por exemplo, a unidade de Montes Claros-MG, que dispunha de uma escala maior, tinha também um custo operacional menor. Acrescia-se a isso a taxa de inflação, a taxa de capitalização, e chegava-se ao valor final a ser cobrado aos clientes.

Era prática estabelecida realizar um levantamento das taxas cobradas pela concorrência a cada seis meses. Isso era feito regionalmente: cada gerente, na sua área de atuação, tinha a responsabilidade de realizar o levantamento para que a Visão Mundial pudesse avaliar sua competitividade na área.

Divulgação

A divulgação realizada pelo Promicro utilizava as mídias chamadas populares: carro e bicicleta de som, panfleto, faixas, inserções em rádios e jornais comunitários, cartazes e, principalmente, palestras informativas em associações comunitárias de bairro. A divulgação era realizada periodicamente nas áreas de atuação. Nas rádios comunitárias veiculava-se um *jingle*, que era diferente dependendo da região de atuação (por exemplo, um em Pernambuco, outro na Bahia e outro em Minas Gerais). Utilizavam-se ainda cartazes, que eram colocados em postos comunitários, e *folders*, distribuídos pelos agentes de crédito.

Nas áreas onde o Promicro ainda não atuava e pretendia iniciar as suas atividades, um plano de divulgação era realizado, utilizando-se, principalmente, do sistema "mutirão". Toda a equipe de campo do Promicro, munida de panfletos, dirigia-se à localidade e distribuía os informativos casa por casa. Concomitantemente, uma palestra era realizada na associação local (geralmente de 30 em 30 minutos ocorria uma palestra), utilizando-se um carro ou uma bicicleta de som com uma chamada à palestra. Isso facilitava a abordagem a ser feita pelos agentes de crédito que, em seguida, iam de casa em casa, ou de negócio em negócio. A operação incluía, além da distribuição do panfleto, uma explicação verbal sobre os vários aspectos do programa. A mesma tática era adotada pelo Banco do Nordeste. Já as financeiras, essas costumavam utilizar divulgação de massa pela mídia televisiva.

A televisão aberta fora usada uma única vez. Em 1998, após um período longo de chuvas, ocorreu uma redução considerável na demanda. Na mesma ocasião, a Rede Globo estava fazendo uma reportagem sobre a Visão Mundial e resolveu-se aproveitar a oportunidade para divulgar o programa de microcrédito. D. Elza Fagundes descreveu o que se passou:

> A gerência da época, que estava aqui, achou que seria interessante e uma ótima oportunidade divulgar numa mídia como a Rede Globo, imaginando que, no dia seguinte, todos em Recife saberiam da existência do programa de microcrédito. Mas foi um tumulto em termos operacionais – nós temos aqui seis linhas telefônicas: elas ficaram congestionadas. Surgiu uma demanda enorme, mas de clientes sem condições, sem perfil empreendedor e que não tinham negócios, pessoas endividadas perceberam na propaganda uma boa oportunidade para acessar o crédito. Então, a conclusão a que chegamos depois disso é que não é viável, para o microcrédito, divulgação em massa.

Acreditava a Direção da VMB, em função disso, que, para microcrédito, mídias de grande alcance (como TV, jornais e rádios FM) eram caras e não geravam retorno em clientes com perfil do Programa. Dessa forma, a estratégia de divulgação era centrada nos bairros e associações locais.

Vendas

As vendas eram realizadas de duas formas: através de balcões de atendimento e de visita dos agentes de crédito aos clientes atuais e potenciais.

Em Pernambuco, a Visão Mundial dispunha de balcão de atendimento sediado na Agência do Trabalho, em parceria com o Governo do Estado, mas outros arranjos eram feitos em outras localizações. Nesses balcões de atendimento ficava um agente de crédito, atendendo à demanda espontânea, que representava não mais de 30% da carteira.

O agente de crédito era considerado uma espécie de assessor do microempreendedor, uma vez que atuava não apenas na análise e acompanhamento do crédito, mas também dava consultoria básica para a formação e desenvolvimento do negócio. Em 2003, havia um total de 32 agentes de crédito, sendo 23 da Visão Mundial e 13 agentes comunitários.

O perfil do agente de crédito era predominantemente masculino. Isso se devia ao fato de a Visão Mundial trabalhar em algumas áreas consideradas de risco, como favelas, e os homens "terem mais coragem de assumir esse trabalho".

A maior parte dos agentes de crédito tinha nível universitário, e isso era considerado importante para que tivessem "uma visão crítica das coisas". No entanto, havia uma dificuldade específica em se utilizar alguém egresso da universidade, que era o fato de a universidade não preparar pessoas com o perfil desejado para esse trabalho, além de que, invariavelmente, a expectativa do universitário não estava nesse tipo de trabalho e sim em um emprego mais promissor em termos de projeção e ganho financeiro. Em termos de formação, o grupo era bastante heterogêneo, contando com pessoas das áreas de Ciências Humanas, Serviço Social, Administração, Contabilidade, Economia, assim como de outras Ciências Sociais. Quando se utilizava o universitário, encontrava-se capacidade técnica, mas faltava comprometimento. O grande desafio era o de se trabalhar com pessoas de nível médio, pois a elas faltava a capacidade de análise técnica, o que podia comprometer a análise do crédito. O desafio era encontrar atributos necessários nas pessoas certas, independentemente da formação.

O trabalho do agente de crédito era, em sua maior parte, externo. A formação de um agente levava pelo menos um ano e era considerada um desafio. Era preciso ter vocação para o trabalho, por ser muito cansativo e requerer talentos especiais. O treinamento era formal, utilizando, de um lado, material desenvolvido pelo BNDES para formação dos agentes de crédito e, de outro, a própria experiência acumulada pela Visão Mundial. Procurava-se desenvolver no agente "a compreensão do contexto, onde ele iria trabalhar, entendimento da filosofia do microcrédito e como ele poderia se tornar um agente de transformação dos empreendedores através da gestão de uma carteira de microcrédito".

Um aspecto visto como fundamental era a motivação do agente de crédito, explicou D. Elza Fagundes:

> Trabalhamos muito com eles a questão da motivação, porque a Visão Mundial trabalha essa dimensão. Você não tem de estar onde você não quer estar. A vida é única, e você, como profissional, tem que estar feliz, tem que estar realizado. Nós estimulamos conectar a missão de vida pessoal com a vida profissional. "Olha, se não é isso, é melhor você buscar uma coisa que o realize". Tivemos uma agente muito boa, em Montes Claros, Minas Gerais, que estudava Direito. Ela chegou para a sua gerente e disse: "Eu gosto muito disso que faço, mas não é o que eu quero para a minha vida." Ela foi embora... Mas apesar de estarmos perdendo uma pessoa, todo um investimento, se essa pessoa não tem paixão pelo trabalho, principalmente por esse trabalho de transformação de vidas, não se tem resultado.

Os agentes de crédito recebiam, em média, um salário de R$ 680,00 em 2003 e tinham um adicional variável de até 30% desse salário, chegando a R$ 880,00.

Por ocasião do início do programa de microcrédito, em 1995, a rotatividade dos agentes de crédito era muito elevada, particularmente nos primeiros três anos. D. Elza acreditava que a equipe vinha-se estabilizando, com gerentes e agentes com até três anos de casa. Isso se devia, na sua opinião, à contratação dos estagiários como funcionários, à introdução do adicional variável e a alguns benefícios atraentes, como previdência privada e plano de saúde.

Também havia dificuldade em selecionar gerentes com o perfil adequado. Em recente processo de seleção para a gerência de Recife haviam sido examinados mais de 70 currículos, chegando-se a apenas três candidatos com perfil adequado ao cargo.

Planejamento e Avaliação

A Visão Mundial realizava planejamento estratégico para quatro anos, e atualizava anualmente seu plano. Além disso, fazia projeções financeiras e operacionais, estabelecendo metas de vendas, de créditos concedidos e outras metas operacionais. Realizava-se uma avaliação trimestral do alcance das metas e do desempenho do programa. Para colocação de projetos junto a entidades financiadoras, a organização dispunha ainda de um modelo de plano de negócio.

A Visão Mundial preocupava-se, ainda, em medir os impactos causados por suas ações de desenvolvimento, em particular o programa de microcrédito. Para tal, a instituição possuía um setor de pesquisa e desenvolvimento, que cuidava de desenvolver metodologias para avaliação de impactos. Esses impactos incluíam não só o resultado econômico, como também o desenvolvimento humano: formalização do negócio, geração de emprego, saúde e educação dos filhos, melhoria de renda, alimentação e moradia.

Uma dificuldade percebida para a expansão do microcrédito era a falta de capital de risco para financiar quem desejasse abrir um novo negócio, uma vez que os recursos disponíveis eram voltados para o financiamento de empreendimentos já existentes.

Perguntas para Discussão

1. Quais os possíveis impedimentos à criação de uma "cultura de gestão" junto ao segmento-alvo?
2. De que forma a Visão Mundial, através do Promicro, poderia desenvolver ainda mais seu trabalho junto aos microempreendedores?
3. Analise o composto promocional utilizado pela Visão Mundial. Como você avalia a adequação desse composto à estratégia seguida e ao público-alvo perseguido?
4. Que sugestões, se houver alguma, você daria à direção da Visão Mundial para ampliação de sua ação promocional?

Capítulo 13

DESENVOLVENDO UM PLANO DE NEGÓCIOS PARA MICROFINANÇAS[157]

Álvaro Alexandre Freire Fonte

Alexandre Stigert

Carlos Quintella

Emily Darwich

Isabella da Costa Pinto

Islan Moraes dos Santos

Jorge Hijjar

Um plano de negócios é um documento que busca apresentar, de forma sucinta, as características de um novo negócio a investidores potenciais. Este capítulo apresenta um plano para a criação da Empresa Brasileira de Micro Crédito – EBMC –, voltada para atender as necessidades de pequenos empreendedores que enfrentavam dificuldades para obter recursos através dos canais formais estabelecidos nos Estados do Sudeste e Sul do País.

---

[157] Este capítulo contém um plano de negócios para a criação de uma empresa de microfinanças, preparado pelos autores quando participantes do Programa MBA Executivo do Instituto COPPEAD de Administração da UFRJ. A empresa encontra-se em funcionamento.

1. ANÁLISE DE OPORTUNIDADE DO NEGÓCIO

1.1. Ambiente de Mercado

Este tipo de operação tem origem em experiências internacionais, sendo as mais conhecidas as seguintes:

- Criação do *Banco Grameen* em Bangladesh, em 1976, com o propósito de oferecer empréstimos a indivíduos de baixa renda. A experiência frutificou, sendo reproduzida em mais de 30 países. A carteira atual do banco é de três milhões de clientes.
- Criação do BancoSol na Bolívia, em 1986, com capital oriundo de doações do Governo, de empresários e de organizações internacionais. Atinge 70.000 clientes, sendo 70% de mulheres, e 40% dos usuários do setor bancário boliviano.

O Brasil foi um dos primeiros países do mundo a experimentar o microcrédito para o setor informal urbano. Em 1973, foi criada a União Nordestina de Assistência a pequenas organizações, conhecida como Programa UNO, com atuação em Recife e Salvador, e apoio e assistência não-governamental da *Accion Internacional* (Aitec).

São as seguintes as características do mercado brasileiro atual de microfinanças:

Região	No.de IMFs	Clientes ativos	Carteira ativa (R$ milhões)	Valor médio do empréstimo como % do PIB regional *per capita*
Norte	3	653	0,9	--
Nordeste	28	115.582	69,1	20,3%
Centro-Oeste	8	10.095	11,1	18,6%
Sudeste	50	18.197	29,2	17,8%
Sul	32	14.127	28,4	29,7%
Total	121	158.654	138,8	--

Fonte: Banco de dados PDI de Microfinanças, 2001

- A região Sul apresenta o maior percentual do PIB regional em empréstimos de valor alto.

- Na região Sudeste, as SCM têm maior percentual de participação nos empréstimos do que as ONGs, sugerindo maior potencial para esse tipo de negócio.

O mercado potencial para microfinanças é avaliado da seguinte forma:

- Número de clientes no Brasil: 8,2 milhões de microempreendimentos elegíveis.
- Valor do mercado brasileiro potencial estimado: R$ 6,94 bilhões
- Mercado ainda pouco explorado: na região Sudeste, apenas 0,6% do potencial estimado é efetivamente atendido.

1.2. Ambiente Competitivo

O setor de crédito brasileiro é constituído por diversas instituições que oferecem serviços financeiros e crédito: bancos comerciais, financeiras (CDC), cartões de crédito, crédito de lojas, crédito de fornecedores, casa de penhores, cheques pré-datados, além do crédito informal oferecido por agiotas ou obtido de relações pessoais. Os maiores competidores nesse setor, com atuação regional, são os seguintes:

Instituição	Clientes ativos	Carteira ativa (R$mil)	Valor médio da carteira (R$)
Banco do Nordeste	85.319	49.848	584
Banco do Povo de SP	9.521	16.149	1.696
Banco do Povo de Goiás	7.535	8.386	1.113
Ceape (MA)	5.467	2.985	546
Ceape (RN)	5.411	4.031	745
Ceape (PE)	4.527	2.997	662
Visão Mundial (NE)	2.583	1.592	616
Ceape (SE)	2.543	1.827	718
Portosol (RS)	2.069	3.860	1.865

Fonte: Banco de dados PDI de Microfinanças, 2001

Observa-se que as IMFs, com atuação no Nordeste, apresentam um valor médio do empréstimo mais baixo, enquanto as do Sudeste e Sul apresentam os valores médios mais elevados.

1.3. Fatores Críticos de Sucesso para uma SCM

Para que uma SCM possa operar com sucesso no mercado brasileiro, são críticos os seguintes fatores:

- continuidade do incentivo do BNDES ao negócio de microfinanças;
- disponibilidade de canais de distribuição (agentes de crédito);
- *marketing* adequado ao público-alvo;
- sistema de controle de custos, análise de crédito e cadastro de clientes.

1.4. Análise PFOA (Pontos fortes e fracos, Oportunidades e Ameaças)

Para melhor avaliar o potencial de mercado para o novo negócio, foi realizada uma análise PFOA (Pontos Fortes e Fracos, Oportunidades e Ameaças).

Oportunidades de Mercado	**Ameaças**
Vasto mercado potencial. Produto nos estágios iniciais de adoção. Pouca concorrência. Familiaridade dos clientes potenciais com financiamentos. Disponibilidade de recursos e prazos longos e baixo custo (BNDES). Possibilidade de associação com outras entidades financeiras. Prevalência de concorrentes pequenos com baixo desempenho.	Regulamentação restritiva para produtos e captação. Novos entrantes (grandes bancos de varejo). Maior atuação de competidores diretos sobre clientes de baixa renda. Eventuais mudanças nas prioridades do BNDES relativas a microfinanças. Desconhecimento do produto pela população-alvo. Necessidades de escala das IMFs. Níveis de inadimplência da população-alvo.
Pontos Fortes do Negócio	**Pontos Fracos do Negócio**
Boa capacitação em *marketing* de varejo dos empreendedores. Boa capacitação gerencial dos empreendedores. *Know-how* para desenvolvimento das operações. *Know-how* para treinamento de empregados e capacitação de clientes.	Alto custo operacional. Complexidade na implementação do plano de comercialização do produto. Dificuldade em montar e desenvolver canais de distribuição.

1.5. Oportunidade a ser Explorada

A oportunidade evidenciada pela análise acima é a de um mercado potencial muito pouco explorado. Uma SCM, com operação nas regiões Sul e Sudeste, apresenta maior oportunidade e potencial de operação. O negócio proposto nesse plano apresenta pontos fortes indiscutíveis, oriundos da experiência dos empreendedores. Os pontos fracos podem ser contornados por meio de ações gerenciais efetivas. Para tal, pretende-se o que se segue:

- ocupar uma parcela significativa do grande mercado potencial de microcrédito, fracamente explorado, por meio de uma ação empreendedora eficaz, bem planejada e operada, aproveitando o incentivo governamental disponibilizado por recursos abundantes de longo prazo a baixo custo;
- utilizar habilidades gerenciais e tecnológicas para operar eficazmente em um setor caracterizado por indicadores de baixo desempenho, de forma a alcançar posição de liderança.

2. VISÃO, MISSÃO E OBJETIVOS

2.1. Visão

A EBMC será líder na concessão de microcrédito no Brasil por meio das seguintes ações:

- liderança em rentabilidade, com alto crescimento dos negócios e excelência operacional em todas as áreas;
- reconhecimento do público como uma empresa de valores, princípios, socialmente responsável, gerando satisfação e orgulho nos funcionários e clientes.

2.2. Missão

Através da marca EBMC, desenvolver o negócio de microcrédito no Brasil, com elevados padrões de atendimento e de forma ágil e sustentada, agregando valor para os clientes, fornecedores, acionistas, funcionários e sociedade.

2.3. Objetivos

Os seguintes objetivos serão atingidos no período do plano:

- Fornecer crédito de valor médio de R$ 1 mil, de forma ágil a microempresários atuantes nos Estados da região Sul e Sudeste.
- Iniciar as operações pela região Sudeste em 2003 e ampliar a atuação para a região Sul, a partir de 2004.
- Atingir, em 2004, uma carteira de aproximadamente R$ 25 milhões e 25 mil clientes.
- Manter um crescimento médio anual da carteira de 10%, a partir de 2004.
- Gerar para os acionistas uma rentabilidade real média (ROE) de 15% ao longo de dez anos.

3. POSICIONAMENTO DO NEGÓCIO

A Empresa Brasileira de Micro Crédito – EBMC – oferecerá crédito aos microempreendedores de baixa renda, de forma rápida e simples, a uma taxa mais atrativa e competitiva do que a oferecida pelos concorrentes, utilizando uma estratégia de busca ativa de clientes, agilizando os processos de aprovação e liberação dos recursos.

3.1. Segmentos-alvo

Os segmentos-alvo visados pela EBMC têm as seguintes características:

- alvo principal: microempreendedores localizados em áreas de baixa renda e periferia;
- alvo secundário: empreendedores e pequenos comerciantes que participam de feiras e exposições;
- gênero: predominantemente do sexo feminino;

- faixa etária: maior que 25 anos;
- classe social: C, D e E.

3.2. Benefícios Oferecidos pela EBMC, Comparativamente aos Concorrentes

- ação proativa junto aos clientes, identificando necessidades e ofertando produtos e serviços adequados;
- taxa de juros mais atrativa e competitiva;
- ausência de taxa de abertura de crédito;
- velocidade na liberação do dinheiro;
- desburocratização;
- atendimento por agentes de microcrédito especializados em microempreendimentos.

4. DECISÕES DE *MARKETING*

4.1. Decisões de Produto

- Os produtos oferecidos pela EBMC serão empréstimos para capital de giro, investimentos, capital de giro + investimentos, tendo recebíveis como garantia.
- O prazo médio de pagamento será de nove meses para capital de giro; 12 meses para capital misto; e 15 meses para investimentos.
- Serão desenvolvidos novos produtos agregados, tais como seguro de vida e de veículo, seguro-saúde e previdência complementar, através de parcerias.

4.2. Decisões de Marca

- O desenvolvimento da marca EBMC será feito com o propósito de transmitir: confiança, rapidez, segurança e ausência de burocracia.

4.3. Decisões de Preço

- A taxa média será de 4,5% ao mês, variando em função do valor do empréstimo, do perfil do cliente, das características do crédito (misto ou não), da análise de risco, das garantias (se aplicável).
- Não será cobrada taxa de cadastro.
- Prazos de pagamento flexíveis.

4.4. Decisões de Comunicação

Serão desenvolvidas ações de propaganda e relações públicas nos mercados locais (bairros, associações, feiras e eventos) por meio dos seguintes procedimentos:

- panfletos;
- *banner* de rua;
- palestras nas entidades representativas das comunidades;
- cartazes em comércios localizados nas comunidades;
- mala-direta para público mais instruído;
- *Stands* em feiras e exposições;
- veiculação em jornais voltados para o segmento-alvo.

Serão conduzidas ainda ações promocionais de apoio e suporte ao programa de *marketing*:

- desconto por pagamento antecipado;

- sorteio de eletrodomésticos no programa tipo *member get member* (associado traz associado);
- prêmio vencedor instantâneo – raspadinha para novos clientes no valor de R$ 15,00;
- cartão de associado – vantagens semelhantes a um clube de compras, para fidelizar o cliente;
- linha especial 0800, para solicitações, informações e sugestões.

4.5. Decisões de Vendas

- O recrutamento de agentes de crédito será feito utilizando mão-de-obra local, da própria comunidade.
- O treinamento será dividido em três partes: (i) treinamento específico sobre microcrédito e características dos clientes potenciais; (ii) treinamento básico sobre finanças pessoais; (iii) treinamento técnico na utilização de *palmtop*. Os gastos previstos para treinamento no primeiro ano são de R$ 100 mil.
- A estrutura comercial para o primeiro ano de operação incluirá: um gerente, dois supervisores e 39 agentes de crédito.

5. DECISÕES DE OPERAÇÕES

Os macroprocessos identificados para a operação da EBMC são os que se seguem:

- processos de gestão do negócio;
- sistema EBMC: cadastro, atualização e consulta.

Um esquema do sistema EBMC é apresentado em anexo ao plano. Esse processo pode ser descrito pelas seguintes etapas principais:

- agente de crédito busca cliente e cadastra dados;

- agente submete CPF a banco de dados da EBMC/Serasa/SPC;
- no caso de o cliente ser autorizado, o sistema emite um registro de autorização e envia dados cadastrais;
- no caso de o cliente não ser autorizado, o sistema informa os motivos;
- o cheque será entregue anexado ao contrato pelo agente de crédito.

6. DECISÕES DE RECURSOS HUMANOS

A estrutura organizacional prevista inclui o seguinte quadro funcional:

- Diretor-geral.
- Gerentes de área.
- Supervisores de área.
- Agentes de crédito.

6.1. Atribuições

São as seguintes as atribuições principais de cada cargo:

Diretor-geral

- Iniciar, desenvolver e conduzir a consolidação do negócio.
- Concretizar a atuação da empresa nos mercados conquistados.
- Buscar novos mercados e produtos.
- Supervisionar a atuação dos gerentes de área.

Gerentes de área

- Gerir as atividades de *marketing*, tecnologia da informação, recursos humanos e administrativo-financeiras.

- Supervisionar diretamente a atuação dos supervisores de área.

Supervisores de área

- Gerir as atividades administrativo-financeiras, de tecnologia da informação, de *marketing* e de recursos humanos.
- Supervisionar diretamente a atuação dos agentes de crédito.
- Celebrar acordos com fornecedores e fabricantes.

Agentes de crédito

- Fazer prospecção de novos clientes.
- Fechar contratos e concessão de crédito para antigos e novos clientes.
- Promover a cobrança ativa de clientes inadimplentes.
- Assessorar os clientes na aplicação dos recursos emprestados.

Além desses, serão utilizados assistentes administrativos e secretária para realização de tarefas internas.

6.2. Perfil e Capacitação Esperada

Diretor-geral

- Acionista ou cotista integralmente dedicado à gestão da empresa.

Gerente de área

- Graduação universitária há pelo menos três anos em Economia, Contabilidade, Administração ou afins.
- Experiência anterior em entidades de crédito, gestão de negócios e pessoas de, no mínimo, cinco anos.

- Experiência em Informática.
- Alinhamento com objetivos e cultura da empresa.
- Credibilidade e idoneidade moral.
- Capacidade empreendedora.
- Capacidade de relacionamento interpessoal, persuasão e negociação.
- Foco em qualidade.
- Dinamismo.

Supervisor de área

- Graduação universitária em Economia, Contabilidade, Administração ou afins.
- Experiência anterior em entidades de crédito e em gestão de pessoas de, pelo menos, dois anos.
- Alinhamento com objetivos e cultura da empresa.
- Credibilidade e idoneidade moral.
- Capacidade empreendedora.
- Habilidade em Informática.
- Capacidade de relacionamento interpessoal, persuasão e negociação.
- Foco em qualidade.
- Dinamismo.

Agente de crédito

- Ensino médio completo ou estudante universitário de Economia, Contabilidade, Administração ou afins.
- Alinhamento com objetivos e cultura da empresa.
- Credibilidade e idoneidade moral.

- Capacidade empreendedora.
- Habilidade em Informática.
- Facilidade de aprendizado.
- Capacidade de relacionamento interpessoal, persuasão e negociação.
- Foco em qualidade.
- Dinamismo.

6.3. Formas de Remuneração

Diretor-geral

- Salário mensal fixo de R$ 8 mil.
- Salário variável: quatro salários ao ano.

Gerentes de área

- Salário mensal fixo de R$ 5 mil.
- Salário variável: máximo de quatro salários ao ano.

Supervisores de área

- Salário mensal fixo de R$ 3 mil.
- Salário variável: máximo de quatro salários ao ano.

Agentes de crédito

- Salário mensal fixo de R$ 1 mil.
- Salário variável: máximo de quatro salários ao ano.

7. DECISÕES FINANCEIRAS

Serão utilizadas as linhas de financiamento para Sociedades de Crédito ao Microempreendedor do BNDES.

É a seguinte a expectativa de retorno:

VPL = R$ 12 milhões e 170 mil

ROE = 15,7 ao ano

Payback descontado = 2,5 anos

Post Scriptum

Islan Moraes dos Santos era executivo do Grupo Brascan. Ao cursar em 2002 o Programa MBA Executivo no Instituto Coppead de Administração da UFRJ, desenvolveu um Plano de Negócios para uma SCM. Em abril de 2003, deixou o Grupo Brascan para fundar, como sócio majoritário, a BSCM Brasil Microfinanças. Após uma fase piloto, ele buscou novos sócios entre colegas de trabalho e do MBA do Coppead: Carlos Pires e Marco Gorini de Oliveira. Em início de 2004, o capital social foi aumentado. A empresa operava no Centro do Rio de Janeiro, em um escritório de 140 m^2 e excelente infra-estrutura tecnológica. Em uma entrevista, Marco Gorini observou:

> Existe um abismo entre a demanda reprimida por crédito no segmento de baixa renda no Brasil e a oferta de crédito para esse segmento. Estima-se que o mercado hoje demande algo em torno de R$ 10 bilhões, e hoje, no Brasil, a última informação que temos é de que apenas 3% dessa demanda está atendida. O espaço para crescimento é imenso. E este espaço será ocupado por quem dominar a tecnologia de concessão desse crédito de forma sustentável, que é totalmente diferente da tecnologia clássica de um banco comercial. A tecnologia de microcrédito envolve uma postura proativa em relação ao mercado. A instituição de microcrédito deve ir ao mercado, conhecer o negócio do seu cliente potencial e estar ao seu lado, sempre com uma perspectiva de longo prazo. Eu diria que, mais do que conceder crédito, somos fomentadores e indutores do desenvolvimento econômico e social.

ANEXOS

1. Macroprocessos – Sistema EBMC
2. Investimentos – *Funding* BNDES
3. *Cash Flow* projetado
4. Indicadores de desempenho

Macroprocessos – Consultas

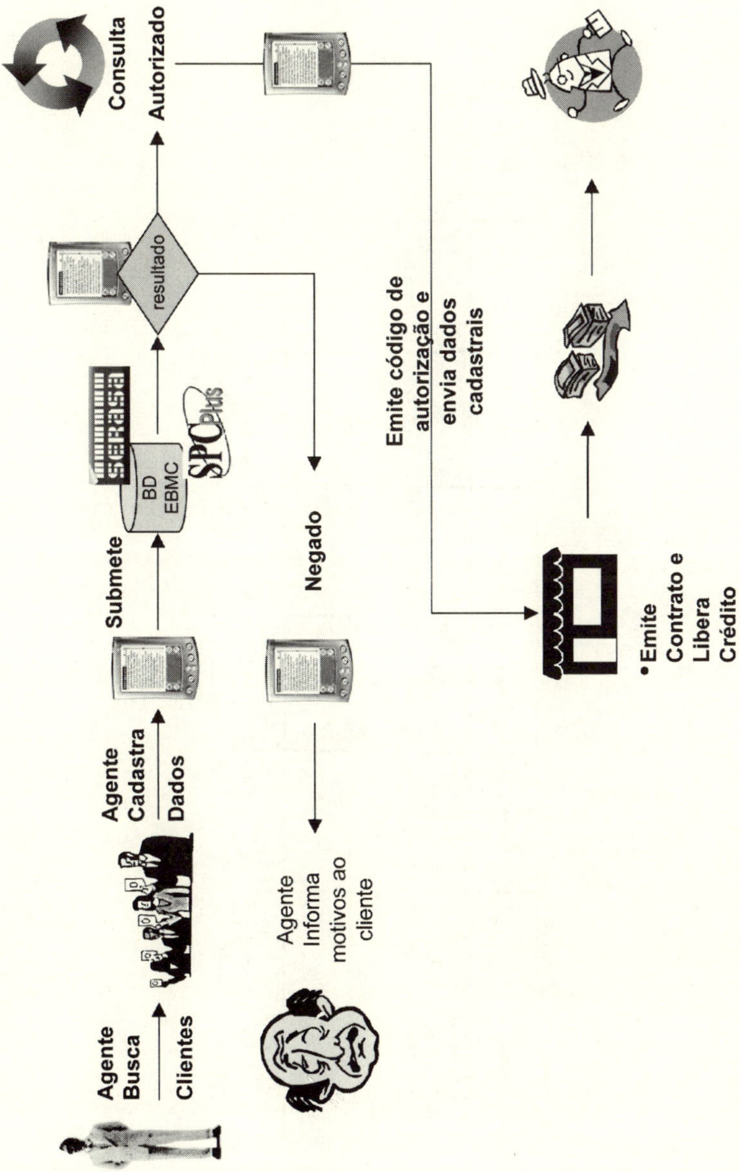

Investimentos/Funding BNDES

Fluxo de Caixa	Ano 0	Ano 1	Ano 2	Ano 3	Ano 4	Ano 5
(+) Investidores (Aporte Capital)	R$ 333.333	R$ 333.333	R$ 500.000	R$ 583.333	R$ 437.500	R$ 218.750
(+) BNDES (Aporte Capital)	R$ 666.667	R$ 583.333	R$ 833.333	R$ 875.000	R$ 437.500	R$ (109.375)
(-) Funding Fundo Pis/Cofins	R$ 5.000.000	R$ 5.000.000	R$ 7.500.000	R$ 8.750.000	R$ 6.562.500	R$ 3.281.250

Fluxo de Caixa	Ano 6	Ano 7	Ano 8	Ano 9	Ano 10
(+) Investidores (Aporte Capital)	R$ 120.312	R$ 101.062	R$ 105.105	R$ 109.309	
(+) BNDES (Aporte Capital)	R$ (360.937)	R$ (429.516)	R$ (446.696)	R$ (381.231)	
(-) Funding Fundo Pis/Cofins	R$ 1.804.687	R$ 1.515.937	R$ 1.576.575	R$ 1.639.638	

Cash Flow Projetado

Fluxo de Caixa	Cenário Ano 2 ao Ano 10					
	Ano 0	Ano 1	Ano 2	Ano 3	Ano 4	Ano 5
CAIXA	R$ -	R$ 2.400.000	R$ 2.345.375	R$ 3.994.272	R$ 5.526.691	R$ 6.190.515
(+) Investidores (Aporte Capital)	R$ 333.333	R$ 333.333	R$ 500.000	R$ 583.333	R$ 437.500	R$ 218.750
(+) BNDES (Aporte Capital)	R$ 666.667	R$ 583.333	R$ 833.333	R$ 875.000	R$ 437.500	R$ (109.375)
(-) Funding Fundo Pis/Cofins	R$ 5.000.000	R$ 5.000.000	R$ 7.500.000	R$ 8.750.000	R$ 6.562.500	R$ 3.281.250
(+) Recebimentos	R$ -	R$ -	R$ -	R$ -	R$ -	R$ -
(-) Empréstimos Concedidos	R$ (3.600.000)	R$ (4.800.000)	R$ (7.350.000)	R$ (9.450.000)	R$ (8.268.750)	R$ (3.346.875)
(-) Amortização Investidor	R$ -	R$ -	R$ -	R$ -	R$ -	R$ -
(-) Imobilizado	R$ -	R$ -	R$ -	R$ -	R$ -	R$ -
(-) Dividendos	R$ -	R$ -	R$ -	R$ -	R$ -	R$ -
(=) DISPONIBILIDADE	R$ 2.400.000	R$ 3.516.667	R$ 3.828.709	R$ 4.752.605	R$ 4.695.441	R$ 6.234.265
(+) RECEITA OPERACIONAL		R$ 1.221.193	R$ 5.308.671	R$ 9.218.050	R$ 14.058.001	R$ 17.207.187
Operações de Crédito		R$ 1.071.900	R$ 5.048.671	R$ 8.890.459	R$ 13.771.365	R$ 17.104.829
Aplicação Interfinanceira de Liquidez		R$ 134.364	R$ 234.000	R$ 282.091	R$ 218.386	R$ 17.045
Resultado de Operações com Títulos e Valores Mobiliários		R$ -	R$ -	R$ -	R$ -	R$ -
Resultado de Aplicações Compulsórias - FCI		R$ 14.929	R$ 26.000	R$ 45.500	R$ 68.250	R$ 85.312
(-) DESPESA OPERACIONAL		R$ (888.097)	R$ (2.237.283)	R$ (3.758.024)	R$ (5.435.491)	R$ (6.586.766)
Operações de Captação no Mercado		R$ -	R$ -	R$ -	R$ -	R$ -
Operações de Empréstimos e Repasses		R$ (689.597)	R$ (1.481.283)	R$ (2.498.024)	R$ (3.671.491)	R$ (4.578.641)
Linhas de Financiamento BNDES		R$ (143.679)	R$ (253.333)	R$ (435.000)	R$ (639.167)	R$ (774.792)
Linhas de Financiamento Fundo Pis/Cofins		R$ (245.919)	R$ (1.027.950)	R$ (1.663.024)	R$ (2.332.325)	R$ (2.753.849)
Despesas com Marketing		R$ (400.000)	R$ (700.000)	R$ (1.050.000)	R$ (1.312.500)	R$ (1.443.750)
Provisão para Créditos de Liquidação Duvidosa		R$ (198.500)	R$ (756.000)	R$ (1.260.000)	R$ (1.764.000)	R$ (2.008.125)
(-) OUTRAS RECEITAS/DESPESAS OPERACIONAIS		R$ (1.171.054)	R$ (2.063.515)	R$ (2.886.115)	R$ (4.423.708)	R$ (5.701.009)
Receitas de Prestação de Serviços		R$ -	R$ -	R$ -	R$ -	R$ -
Despesas de Pessoal		R$ (690.600)	R$ (1.498.800)	R$ (2.109.000)	R$ (3.381.400)	R$ (4.447.000)
Outras despesas Administrativas		R$ (385.200)	R$ (345.200)	R$ (399.720)	R$ (463.692)	R$ (538.861)
Despesas Tributárias		R$ (44.574)	R$ (193.766)	R$ (336.459)	R$ (513.117)	R$ (628.062)
Resultado de Participações em Coligadas e Controladas		R$ -	R$ -	R$ -	R$ -	R$ -
Outras Receitas Operacionais		R$ -	R$ -	R$ -	R$ -	R$ -
Outras Despesas Operacionais		R$ (50.680)	R$ (25.749)	R$ (40.936)	R$ (65.499)	R$ (87.085)
IMPOSTO DE RENDA E CONTRIBUIÇÃO SOCIAL		R$ -	R$ (342.676)	R$ (875.130)	R$ (1.427.593)	R$ (1.672.600)
PARTICIPAÇÕES ESTATUTÁRIAS NO LUCRO		R$ -	R$ -	R$ -	R$ -	R$ -
PARTICIPAÇÕES MINORITÁRIAS NO LUCRO		R$ -	R$ (166.299)	R$ (424.695)	R$ (692.802)	R$ (811.703)
RESULTADO OPERACIONAL		R$ (837.958)	R$ 498.897	R$ 1.274.086	R$ 2.078.407	R$ 2.435.109
Saldo Final		R$ 2.345.375	R$ 3.994.272	R$ 5.526.691	R$ 6.190.515	R$ 8.231.874
Variação do Caixa		R$ (54.625)	R$ 1.648.897	R$ 1.532.419	R$ 663.824	R$ 2.041.359
(-) Funding Fundo Pis/Cofins						
(+) Recebimento dos Ativos						
(-) Aporte Investidor	R$ (333.333)	R$ (333.333)	R$ (500.000)	R$ (583.333)	R$ (437.500)	R$ (218.750)
Caixa Livre para o Acionista	R$ (333.333)	R$ (387.958)	R$ 1.148.897	R$ 949.086	R$ 226.324	R$ 1.822.609

Cash Flow Projetado

Fluxo de Caixa	Cenário Ano 2 ao Ano 10				
	Ano 6	Ano 7	Ano 8	Ano 9	Ano 10
CAIXA	R$ 8.231.874	R$ 10.125.372	R$ 11.887.657	R$ 13.422.319	R$ 14.668.652
(+) Investidores (Aporte Capital)	R$ 120.312	R$ 101.062	R$ 105.105	R$ 109.309	R$ -
(+) BNDES (Aporte Capital)	R$ (360.937)	R$ (429.516)	R$ (446.696)	R$ (381.231)	R$ (1.668.078)
(-) Funding Fundo Pis/Cofins	R$ 1.804.687	R$ 1.515.937	R$ 1.576.575	R$ 1.639.638	R$ -
(+) Recebimentos	R$ -	R$ -	R$ -	R$ -	R$ -
(-) Empréstimos Concedidos	R$ (1.840.781)	R$ (1.546.256)	R$ (1.608.106)	R$ (1.672.431)	R$ -
(-) Amortização Investidor	R$ -	R$ -	R$ -	R$ -	R$ -
(-) Imobilizado	R$ -	R$ -	R$ -	R$ -	R$ -
(-) Dividendos	R$ -	R$ -	R$ -	R$ -	R$ -
(=) DISPONIBILIDADE	R$ 7.955.155	R$ 9.766.600	R$ 11.514.534	R$ 13.117.605	R$ 13.000.574
(+) RECEITA OPERACIONAL	R$ 18.277.665	R$ 18.534.869	R$ 18.561.253	R$ 18.588.147	R$ 18.595.283
Operações de Crédito	R$ 18.173.732	R$ 18.434.834	R$ 18.466.675	R$ 18.499.621	R$ 18.513.446
Aplicação Interfinanceira de Liquidez	R$ 17.308	R$ 16.659	R$ 15.750	R$ 14.742	R$ 13.628
Resultado de Operações com Títulos e Valores Mobiliários	R$ -	R$ -	R$ -	R$ -	R$ -
Resultado de Aplicações Compulsórias - FCI	R$ 86.625	R$ 83.377	R$ 78.829	R$ 73.784	R$ 68.209
(-) DESPESA OPERACIONAL	R$ (7.196.059)	R$ (7.422.248)	R$ (7.577.359)	R$ (7.942.965)	R$ (9.206.935)
Operações de Captação no Mercado	R$ -	R$ -	R$ -	R$ -	R$ -
Operações de Empréstimos e Repasses	R$ (4.987.122)	R$ (5.102.864)	R$ (5.165.199)	R$ (5.434.319)	R$ (6.597.943)
Linhas de Financiamento BNDES	R$ (789.505)	R$ (780.743)	R$ (776.448)	R$ (694.064)	R$ (1.668.078)
Linhas de Financiamento Fundo Pis/Cofins	R$ (2.885.116)	R$ (2.878.371)	R$ (2.872.814)	R$ (3.163.680)	R$ (3.290.227)
Despesas com Marketing	R$ (1.515.938)	R$ (1.576.575)	R$ (1.639.638)	R$ -	R$ -
Provisão para Créditos de Liquidação Duvidosa	R$ (2.208.937)	R$ (2.319.384)	R$ (2.412.160)	R$ (2.508.646)	R$ (2.608.992)
(-) OUTRAS RECEITAS/DESPESAS OPERACIONAIS	R$ (6.255.411)	R$ (6.584.603)	R$ (6.925.616)	R$ (7.299.420)	R$ (7.691.644)
Receitas de Prestação de Serviços	R$ -	R$ -	R$ -	R$ -	R$ -
Despesas de Pessoal	R$ (4.865.200)	R$ (5.076.000)	R$ (5.289.200)	R$ (5.512.600)	R$ (5.728.600)
Outras despesas Administrativas	R$ (627.307)	R$ (731.510)	R$ (854.427)	R$ (999.590)	R$ (1.171.212)
Despesas Tributárias	R$ (667.135)	R$ (676.523)	R$ (677.486)	R$ (678.467)	R$ (678.726)
Resultado de Participações em Coligadas e Controladas	R$ -	R$ -	R$ -	R$ -	R$ -
Outras Receitas Operacionais	R$ -	R$ -	R$ -	R$ -	R$ -
Outras Despesas Operacionais	R$ (95.769)	R$ (100.570)	R$ (104.503)	R$ (108.763)	R$ (113.104)
IMPOSTO DE RENDA E CONTRIBUIÇÃO SOCIAL	R$ (1.640.906)	R$ (1.539.526)	R$ (1.379.815)	R$ (1.137.559)	R$ (576.879)
PARTICIPAÇÕES ESTATUTÁRIAS NO LUCRO	R$ -	R$ -	R$ -	R$ -	R$ -
PARTICIPAÇÕES MINORITÁRIAS NO LUCRO	R$ (796.322)	R$ (747.123)	R$ (669.616)	R$ (552.051)	R$ (279.956)
RESULTADO OPERACIONAL	R$ 2.388.966	R$ 2.241.369	R$ 2.008.848	R$ 1.656.152	R$ 839.868

Saldo Final	R$ 10.125.372	R$ 11.887.657	R$ 13.422.319	R$ 14.668.652	R$ 13.731.133
Variação do Caixa	R$ 1.893.498	R$ 1.762.285	R$ 1.534.663	R$ 1.246.333	R$ (937.519)
(-) Funding Fundo Pis/Cofins					R$ (42.630.588)
(+) Recebimento dos Ativos					R$ 43.483.199
(-) Aporte Investidor	R$ (120.312)	R$ (101.062)	R$ (105.105)	R$ (109.309)	R$ -
Caixa Livre para o Acionista	R$ 1.773.185	R$ 1.661.222	R$ 1.429.558	R$ 1.137.024	R$ 3.740.971

Indicadores de Desempenho

Total de Ativos

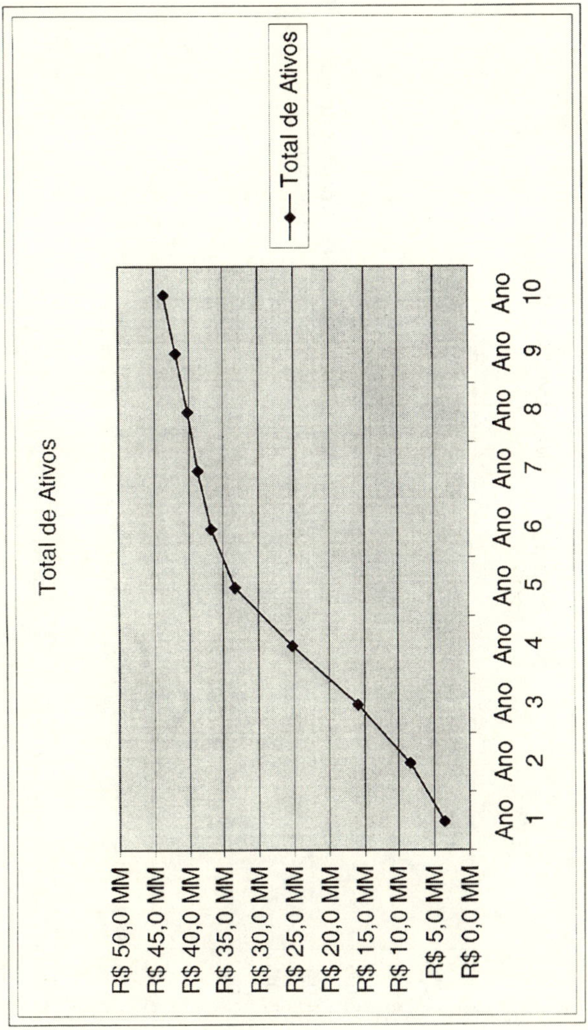

Indicadores de Desempenho
% de Participação no Mercado

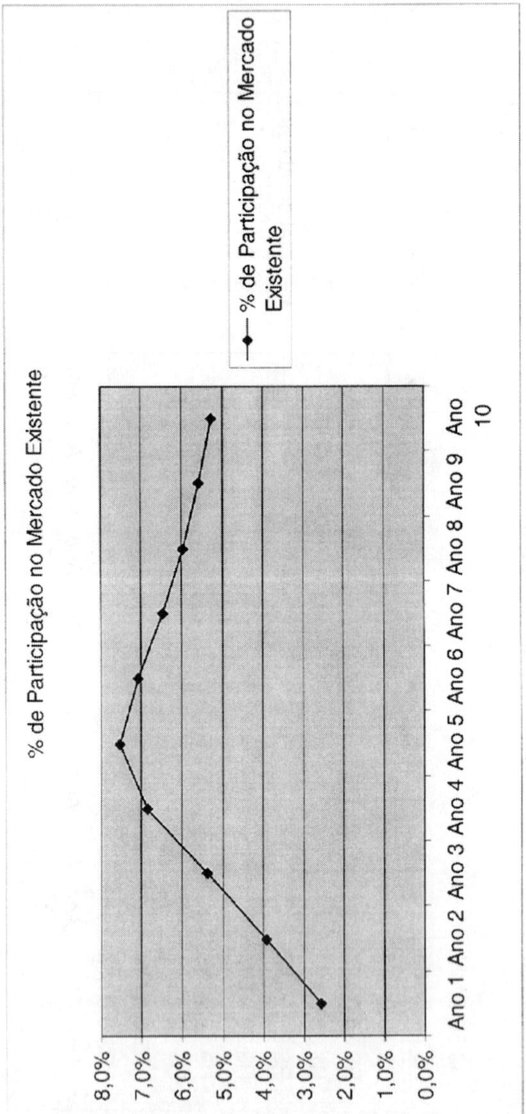

Indicadores de Desempenho

Total de Clientes Ativos

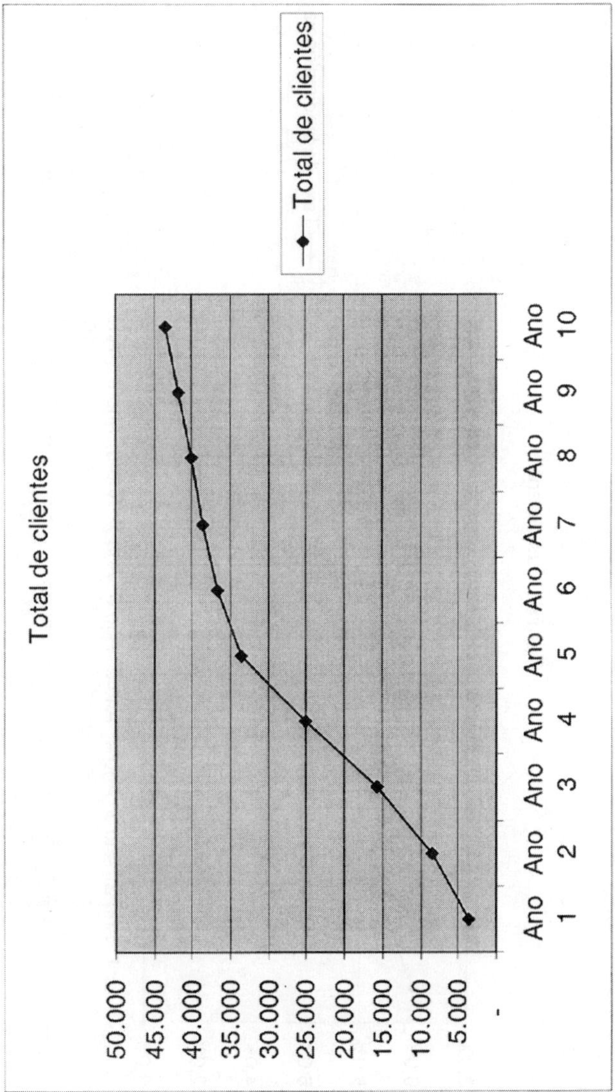

Indicadores de Desempenho

Taxa de Inadimplência

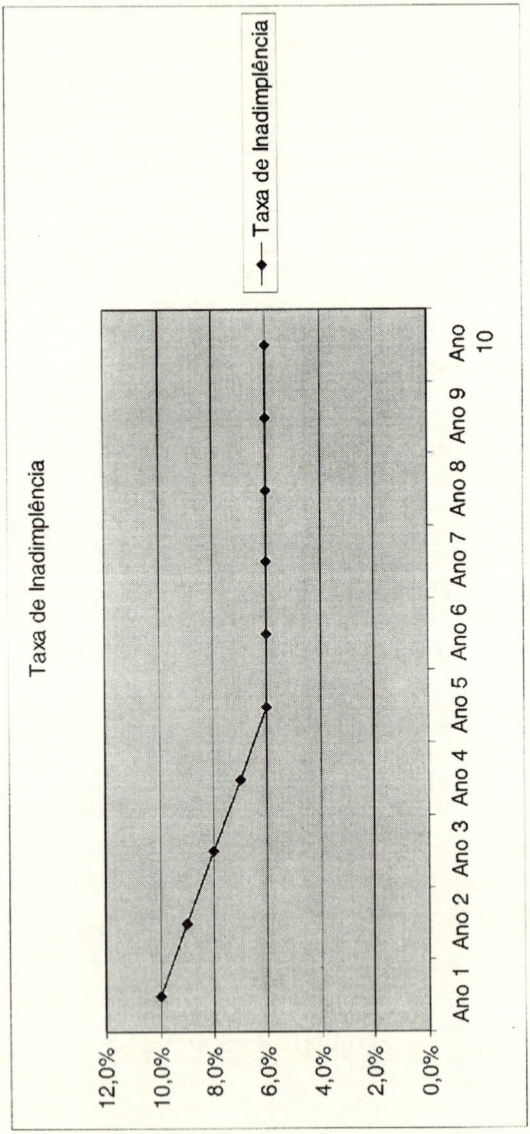

Indicadores de Desempenho

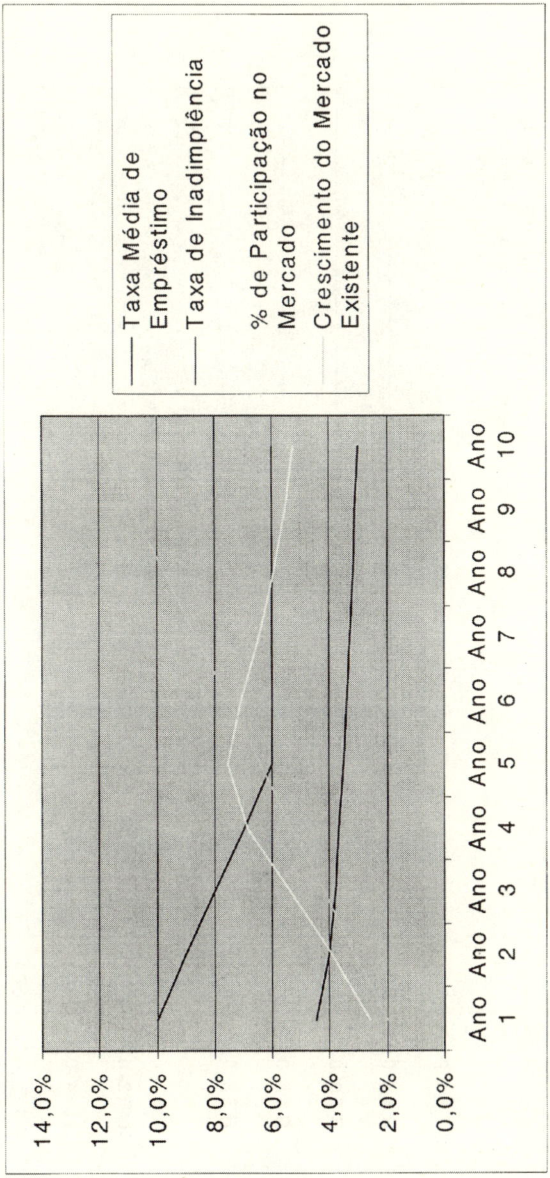

Análise de Sensibilidade

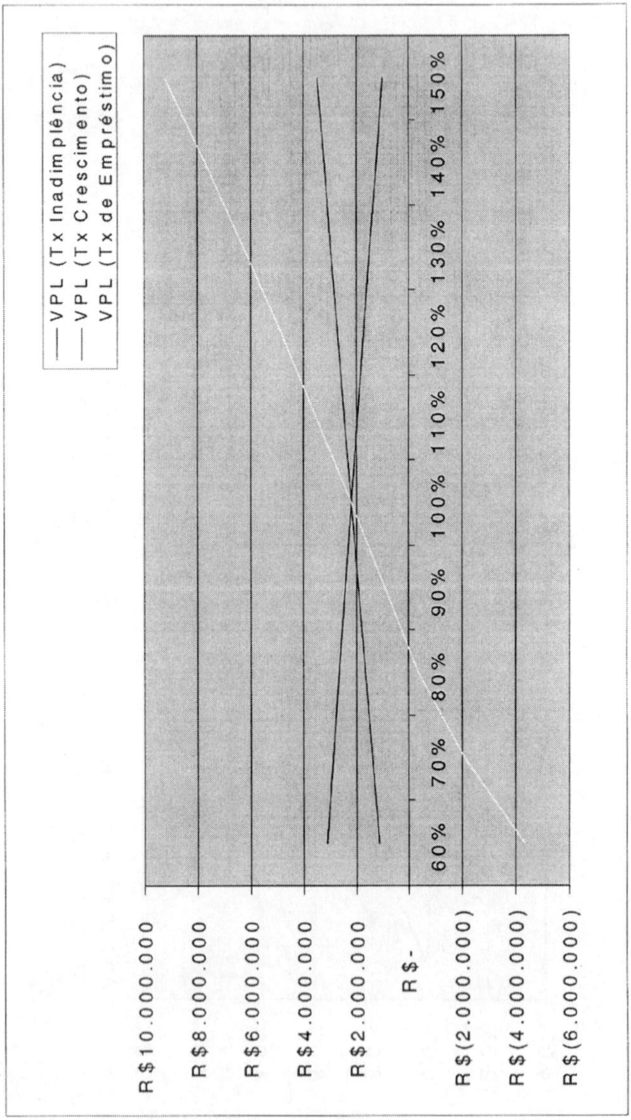

Leia também da Coleção Estudos COPPEAD:

CONSUMIDORES INSATISFEITOS
Uma oportunidade para as empresas
de *Marie Agnes Chauvel*

HISTÓRIAS DE RECOMEÇO
Privatização e *downsizing*
de *Ursula Wetzel*

ESTUDOS EM NEGÓCIOS
de *Walter Ness* e *Roger Volkema (orgs.)*

ESTUDOS EM NEGÓCIOS II
de *Ursula Wetzel* e *Patrícia Amélia Tomei (orgs.)*

ESTUDOS EM NEGÓCIOS III
de *Adriana V. Garibaldi de Hilal* e
T. Diana L. v. A. de Macedo-Soares (orgs.)

À MESA COM A FAMÍLIA
Um estudo do comportamento do consumidor de alimentos
de *Leticia Casotti*

A INTERNACIONALIZAÇÃO
DAS EMPRESAS BRASILEIRAS
Estudos de gestão internacional
de *Angela da Rocha (org.)*

AS NOVAS FRONTEIRAS
A multinacionalização das empresas brasileiras
de *Angela da Rocha (org.)*

DIMENSÕES E *CLUSTERS* DE CULTURA ORGANIZACIONAL
De uma empresa brasileira com atuação internacional
de *Adriana Victoria Garibaldi de Hilal*

RELAÇÕES COM OS CONSUMIDORES:
Experiências brasileiras
de *Leticia Casotti* e *Maribel Suarez (orgs.)*

Para saber mais sobre nossos títulos e autores,
visite nosso site:
www.mauad.com.br

Este livro, da MAUAD Editora,
foi impresso em papel pólen soft 70g,
na gráfica Sermograf.